顧頡剛評傳

總　序

　　中華學術，源遠流長。春秋戰國時期，諸子並起，百家爭鳴，呈現了學術思想的高度繁榮。兩漢時代，經學成為正統；魏晉之世，玄學稱盛；隋唐時代，儒釋道三教並尊；到宋代而理學興起；迨及清世，樸學蔚為主流。各個時代的學術各有特色。綜觀周秦以來至於近代，可以說有三次思想活躍的時期。第一次為春秋戰國時期，諸子競勝。第二次為北宋時代，張程關洛之學、荊公新學、蘇氏蜀學，同時並興，理論思維達到新的高度。第三次為近代時期，晚清以來，中國遭受列強的淩侵，出現了空前的民族危機，於是志士仁人、英才俊傑莫不殫精積思，探索救亡之道，各自立說，期於救國，形成中國學術思想史上的第三次眾說競勝的高潮。

　　試觀中國近代的學風，有一顯著的傾向，即融會中西。近代以來，西學東漸，對於中國學人影響漸深。深識之士，莫不資西學以立論。初期或止於淺嘗，漸進乃達於深解。同時這些學者又具有深厚的舊學根柢，有較高的鑑別能力，故能在傳統學術的基礎之上汲取西方的智慧，從而達到較高的成就。

　　試以梁任公（啟超）、章太炎（炳麟）、王靜安（國維）、陳寅恪四家為例，說明中國近代學術融會中西的學風。梁任公先生嘗評論自

己的學術云:「康有為、梁啟超、譚嗣同輩……欲以構成一種不中不西即中即西之新學派……蓋固有之舊思想既根深蒂固,而外來之新思想又來源淺觳,汲而易竭,其支絀滅裂,固宜然矣。」(《清代學術概論》)所謂「不中不西即中即西」正表現了融合中西的傾向,不過梁氏對西學的了解不夠深切而已。梁氏自稱「適成為清代思想史之結束人物」,這未免過謙,事實上梁氏是近代中國的一個重要的啟蒙思想家,誠如他自己所說「為《新民叢報》、《新小說》等諸雜誌……二十年來學子之思想頗蒙其影響……其文條理明晰,筆鋒常帶感情,對於讀者別有一種魔力焉」。梁氏雖未能提出自己的學說體系,但其影響是深巨的。他的許多學術史著作今日讀之仍能受益。

章太炎先生在《菿漢微言》中自述思想遷變之跡說:「少時治經,謹守樸學……及囚系上海,三歲不覷,專修慈氏世親之書……乃達大乘深趣……既出獄,東走日本,盡瘁光復之業,鞅掌餘間,旁覽彼土所譯希臘德意志哲人之書……凡古近政俗之消息、社會都野之情狀,華梵聖哲之義諦、東西學人之所說……操齊物以解紛,明天倪以為量,割制大理,莫不孫順。」這是講他兼明華梵以及西哲之說。有清一代,漢宋之學爭論不休,章氏加以評論云:「世故有疏通知遠、

好為玄談者，亦有言理密察、實事求是者，及夫主靜主敬、皆足澄心……苟外能利物，內以遣憂，亦各從其志爾！漢宋爭執，焉用調人？喻以四民各勤其業，瑕釁何為而不息乎？」這是表示，章氏之學已超越了漢學和宋學了。太炎更自讚云：「自揣平生學術，始則轉俗成真，終乃回真向俗……秦漢以來，依違於彼是之間，侷促於一曲之內，蓋未嘗睹是也。乃若昔人所謂專志精微，反致陸沉；窮研訓詁，遂成無用者，余雖無腆，固足以雪斯恥。」太炎自負甚高，梁任公引此曾加評論云：「其所自述，殆非溢美。」章氏博通華梵及西哲之書，可謂超越前哲，但在哲學上建樹亦不甚高，晚歲又回到樸學的道路上了。

王靜安先生早年研習西方哲學美學，深造有得，用西方美學的觀點考察中國文學，獨闢蹊徑，達到空前的成就。中年以後，專治經史，對於殷墟甲骨研究深細，發明了「二重證據法」，以出土文物與古代史傳相互參證，達到了精確的論斷，澄清了殷周史的許多問題。靜安雖以遺老自居，但治學方法卻完全是近代的科學方法，因而取得卓越的學術成就，受到學術界的廣泛稱讚。

陳寅恪先生博通多國的語言文字，以外文資料與中土舊籍相參

證，多所創獲。陳氏對於思想史更有深切的睿見，他在對於馮友蘭《中國哲學史》的《審查報告》中論儒佛思想云：「佛教學說，能於吾國思想史上發生重大久遠之影響者，皆經國人吸收改造之過程。其忠實輸入不改本來面目者，若玄奘唯識之學，雖震動一時之人心，而卒歸於消沉歇絕……在吾國思想史上……其真能於思想上自成系統，有所創獲者，必須一方面吸收輸入外來之學說，一方面不忘本來民族之地位。」這實在是精闢之論，發人深思。陳氏自稱「平生為不古不今之學，思想囿於咸豐同治之世，議論近乎曾湘鄉張南皮之間」，但是他的學術成就確實達到了時代的高度。

此外，如胡適之在文化問題上傾向於「全盤西化論」，而在整理國故方面作出了多方面的貢獻。馮友蘭先生既對於中國哲學史進行了系統的闡述，又於40年代所著《貞元六書》中提出了自己的融會中西的哲學體系，晚年努力學習馬克思主義，表現了熱愛真理的哲人風度。

胡適之欣賞龔定庵的詩句：「但開風氣不為師。」熊十力先生則以師道自居。熊氏戞戞獨造，自成一家之言，讚揚辯證法，但不肯接受唯物論。馮友蘭早年擬接續程朱之說，晚歲歸依馬克思主義唯物

論。這些大師都表現了各自的特點。這正是學術繁榮，思想活躍的表現。

　　百花洲文藝出版社有鑒於中國近現代國學大師輩出，群星燦爛，構成中國思想史上第三次思想活躍的時代，決定編印《國學大師叢書》，以表現近代中西文明衝撞交融的繁盛景況，以表現一代人有一代人之學術的豐富內容，試圖評述近現代著名學者的生平及其學術貢獻，凡在文史哲任一領域開風氣之先者皆可入選。規模宏大，意義深遠。編輯部同仁建議我寫一篇總序，於是略述中國近現代學術的特點，供讀者參考。

張岱年

1992年元月，序於北京大學

重寫近代諸子春秋

《國學大師叢書》在各方面的關懷和支持下，就要陸續與海內外讀者見面了。

當叢書組編伊始（1990年冬）便有不少朋友一再詢問：為什麼要組編這套叢書？該叢書的學術意義何在？按過去理解，「國學」是一個很窄的概念，你們對它有何新解？「國學大師」又如何劃分？……作為組織編輯者，這些問題無疑是必須回答的。當然，回答可以是不完備的，但應該是明確的。現謹在此聊備一說，以就其事，兼謝諸友。

一、一種闡述：諸子百家三代說

中華學術，博大精深；中華學子，向以自強不息、厚德載物之精神著稱於世。在源遠流長的中國學術文化史上，出現過三個廣開風氣、大師群起的「諸子百家時代」。

第一個諸子百家時代，出現在先秦時期。那時，中華本土文化歷經兩千餘年的演進，已漸趨成熟，老莊、孔孟、楊墨、孫韓……卓然穎出，共同為中華學術奠定了長足發展的基脈。此後的千餘年間，漢儒乖僻、佛入中土、道教蘗生，中華學術於發展中漸顯雜陳。宋明時

期，程朱、陸王……排漢儒之乖、融佛道之粹、倡先秦之脈、興義理心性之學，於是，諸子百家時代再現。降及近代，西學東漸，中華學術周遭衝擊，文化基脈遇空前挑戰。然於險象環生之際，又一批中華學子，本其良知、素養，關注文化、世運，而攘臂前行，以其生命踐信。正所謂「鐵肩擔道義，妙手著文章」，康有為、章太炎、嚴復、梁啟超、王國維、胡適、魯迅、黃侃、陳寅恪、錢穆、馮友蘭……他們振民族之睿智，汲異域之精華，在文、史、哲領域篳路藍縷，於會通和合中廣立範式，重開新風而成績斐然。第三個諸子百家時代遂傲然世出！

《國學大師叢書》組編者基於此，意在整體地重現「第三個諸子百家時代」之盛況，為「第三代」中華學子作人傳、立學案。叢書所選對象，皆為海內外公認的學術大師，他們對經、史、子、集博學宏通，但治學之法已有創新；他們的西學造詣令人仰止，但立術之本在我中華從而廣開現代風氣之先。他們各具鮮明的學術個性、獨具魅力的人品文章，皆為不同學科的宗師（既為「經」師，又為人師），但無疑地，他們的思想認識和學術理論又具有其時代的共性。以往有過一些對他們進行個案或專題研究的書籍面世，但從沒有對他們及其業

績進行過集中的、整體的研究和整理，尤其未把他們作為一代學術宗師的群體（作為一個「大師群」）進行研究和整理。這批學術大師多已作古，其學術時代也成過去，但他們的成就惠及當今而遠未過時。甚至，他們的一些學術思想，我們至今仍未達其深度，某些理論我們竟會覺得陌生。正如第一代、第二代「諸子百家」一樣，他們已是中華學術文化傳統的一部分，研究他們，也就是研究中國文化本身。

對於「第三代諸子百家」及其學術成就的研究整理，我們恐怕還不能說已經充分展開。《國學大師叢書》的組織編輯，是一種嘗試。

二、一種觀念：一代人有一代人之學術

縱觀歷史，悉察中外，大凡學術的進步不能離開本土文化基脈。但每一代後起學子所面臨的問題殊異，他們勢必要或假古人以立言、或賦新思於舊事，以便建構出無愧於自己時代的學術。這正是「自強不息、厚德載物」之精神在每一代學子身上的最好體現。以上「三代」百家諸子，莫不如是。《國學大師叢書》所沿用之「國學」概念，亦當「賦新思於舊事」而涵注現時代之新義。

明末清初，王（夫之）、顧（炎武）、黃（宗羲）、顏（元）四傑

繼起，矯道統，斥宋儒，首倡「回到漢代」，以表其「實學實行實用之天下」的樸實學風，有清一代，學界遂始認「漢學」為地道之國學。以今言之，此僅限「國學」於方法論，即將「國學」一詞限於文字釋義（以訓詁、考據釋古文獻之義）之範疇。

《國學大師叢書》的組編者以為，所謂國學就其內容而言，系指近代中學與西學接觸後之中國學術，此其一；其次，既是中國學術便只限於中國學子所為；再次，既是中國學子所為之中國學術，其方式方法就不僅僅限於文字（考據）釋義，義理（哲學）釋義便也是題中應有之義。綜合起來，今之所謂國學，起碼應拓寬為：近代中國學子用考據和義理之法研究中國古代文獻之學術。這些文獻，按清代《四庫全書總目》的劃分，為經、史、子、集四部。經部為經學（即「六經」，實只五經）及文字訓詁學；史部為史志及地理志；子部為諸子及兵、醫、農、曆算、技藝、小說以及佛、道典籍；集部為詩、文。由此視之，所謂「國學家」當是通才。而經史子集會通和合、造詣精深者，則可稱為大師，即「國學大師」。

但是，以上所述仍嫌遺漏太多，而且與近現代學術文化史實不相吻合。國學，既是「與西學接觸後的中國學術」，那麼，這國學在內

涵上就不可能，也不必限於純之又純的中國本土文化範圍。尤其在學術思想、學術理論的建構方式上，第三代百家諸子中那些學貫中西的大師們，事實上都借用了西學，特別是邏輯分析和推理，以及與考據學有異曲同工之妙的實證方法，還有實驗方法、歷史方法，乃至考古手段……而這些學術鉅子和合中西之目的，又多半是「賦新思於舊事」，旨在建構新的學術思想體系，創立新的學術範式。正是他們，完成了中國學術從傳統到現代的轉型。我們今天使用語言的方式、思考問題的方式……乃得之於斯！如果在我們的「國學觀念」中，將他們及其學術業績排除在外，那將是不可理喻的。

至此，《國學大師叢書》之「國學」概念，實指：近代以降中國學術的總稱。「國學大師」乃「近現代中國有學問的大宗師」之意。因之，以訓詁考據為特徵的「漢學」，固為國學，以探究義理心性為特徵的「宋學」及兼擅漢宋者，亦為國學（前者如康有為、章太炎、劉師培、黃侃，後者如陳寅恪、馬一浮、柳詒徵）；而以中學（包括經史子集）為依傍、以西學為鏡鑒，旨在會通和合建構新的學術思想體系者（如梁啟超、王國維、胡適、熊十力、馮友蘭、錢穆等），當為更具時代特色之國學。我們生活在90年代，當取「一代人有一代人

之學術」（國學）的觀念。

《國學大師叢書》由是得之，故其「作人傳、立學案」之對象的選擇標準便相對寬泛。凡所學宏通中西而立術之本在我中華，並在文、史、哲任一領域開現代風氣之先以及首創新型範式者皆在入選之列。所幸，此舉已得到越來越多的當今學界老前輩的同情和支援。

三、一個命題：歷史不會跨過我們這一代

中西文明大潮的衝撞與交融，在今天仍是巨大的歷史課題。如今，我們這一代學人業已開始自己的學術歷程，經過80年代的改革開放和規模空前的學術文化積累（其表徵為：各式樣的叢書大量問世，以及紛至沓來名目繁多的學術熱點的出現），應當說，我們這代學人無論就學術視野，抑或就學術環境而言，都是前輩學子所無法企及的。但平心而論，我們的學術功底尚遠不足以承擔時代所賦予的重任。我們仍往往陷於眼花繚亂的被動選擇和迫不及待的學術功利之中難以自拔，而對自己真正的學術道路則缺乏明確的認識和了悟。我們至今尚未創建出無愧於時代的學術成就。基於此，《國學大師叢書》的組編者以為，我們有必要先「回到近現代」—回到首先親歷中西文

化急劇衝撞而又作出了創造性反應的第三代百家諸子那裡去！

　　經過一段時間的困惑與浮躁，我們也該著實潛下心來，去重新瞭解和領悟這一代宗師的學術生涯、為學風範和人生及心靈歷程（大師們以其獨特的理智靈感對自身際遇作出反應的閱歷），全面評價和把握他們的學術成就及其傳承脈絡。唯其貫通近代諸子，我們這代學人方能於曙色熹微之中，認清中華學術的發展道路，了悟世界文化的大趨勢，從而真正找到自己的學術位置。我們應當深信，歷史是不會跨過我們這一代的，90年代的學人必定會有自己的學術建樹。

　　我們將在溫情與敬意中汲取，從和合與揚棄中把握，於沉潛與深思中奮起，去創建有中國特色的社會主義新文化。這便是組織編輯《國學大師叢書》的出版宗旨。當我們這代學人站在前輩學術鉅子們肩上的時候，便可望伸開雙臂去擁抱那即將到來的中華學術新時代！

錢宏（執筆）

1991年春初稿

1992年春修定

序

　　一個源遠流長的傳統文化，受到外來文化的衝擊，由於長期處於因循墨守的死氣沉沉狀態，經不起力求進取處於朝氣狀態中的外來文化的凌厲攻勢，於是在迭次挨打之後，憬然感到自己陷於嚴重的危機之中，志士仁人起而力圖挽救危亡，一些先覺的知識份子尋覓各種自強的途徑，啟蒙人物前赴後繼。這就是鴉片戰爭以來的中國情況，正像明治維新以前的日本情況一樣。

　　當時，最初在外來的堅船利炮對中國封建王朝的摧毀性打擊之下，一些有識者力圖更新自己、瞭解敵情，以經世濟用，如魏源、龔自珍等既欲以今文學之通經致用救經古文學墨守陳編之弊，又多方撰集瞭解西方情況之書於國人之前；而洋務派起而「師夷之長技」，儘量仿造各種機器技巧，但在文化上則堅持「中學為體」，只以「西學為用」；到改良主義運動起而戮力維新，不僅要在技藝方面「師夷長技」，而且以為西方的文化學術、民主議會之制等也要學習，當時康有為鼓吹維新聳動天下，梁啟超鼓吹革新的文章風靡一世，嚴復譯西方幾部名著，等於振聾啟聵，才知西方學術、思想、政治、經濟亦多優越；而邃於中國傳統學術的章炳麟，參與孫中山先生領導的民主革命，他要把傳統學術另行估定其價值。而所有這些先進人士，都是對

傳統學術功力甚深，且為人所共知的博學鴻詞式的國學大師級人物。在他們的風氣鼓蕩之下，孕育出了又一國學大師級人物顧頡剛先生。

　　顧頡剛先生正是出生於清季國勢岌岌可危之際，傳統封建文化正受到西方資本主義文化的衝擊。而他的出生地蘇州，又正是作為封建文化核心的清代漢學中心。在長期受經學薰陶的家庭中成長，他自幼深所承受的封建學術文化受到外來文化的震撼，就使他很快承受上述一些先進人物的影響。他在《古史辨一冊自序》中說：「這時候，正是國內革新運動勃發的時候，要開學校，要放足，要造鐵路，要抵制美國華工禁約，要請求政府公佈憲法，開國會，梁任公先生的言論披靡了一世。我受了這個潮流的湧蕩，也是自己感到救國的責任，常常慷慨激昂地議論時事。」「又在報上見到《國粹學報》的目錄……買了一個全份，翻讀之下，始驚駭劉申叔、章太炎諸先生的博洽。」「聽了太炎先生的演講……我自願實心實意地做他的學徒。」說明他最初承受新學說是從梁啟超、章太炎等人開始的。他在《玉淵潭憶往》一稿中說，梁啟超可說是樹立了一個從未有的批判態度，要把一切政治和文化重新估定價值，一種新時代意識就這樣進入了自己的意識裡。而章太炎學問範圍比梁氏縮小，只要把古今學術思想估定其價值，專

批判自己讀過且較熟悉的古書，感受就較切較深。顧先生也就想步趨章氏，把古代學問作批判性整理。

到進了北大，正值蔡元培提倡學術自由，陳獨秀宣揚新思想，這使他有了打破舊思想的要求，及讀了康有為《新學偽經考》，大膽提出傳統古文經籍皆劉歆助王莽篡漢所偽造；而康氏《孔子改制考》首篇即指出上古茫昧無稽，就使他對自伏羲以來源遠流長的古史體系發生了懷疑。而使他整個思想意識起根本性飛躍的，則是震爍一世的五四新文化運動蓬勃的反封建精神及民主與科學兩面旗幟。顧先生1916年進北大，畢業前一年爆發的五四學生愛國運動只是五四新文化運動的高潮，在其前後幾年都處在新文化運動的浪潮中，顧先生深受其激蕩。由於素寢饋於封建經學及所孕育成的封建史學，就具備了條件入經學之室操經學之戈以反擊此經學及所孕育之史學，於是顧先生就成為五四運動中站在史學領域裡反封建傳統的主將。

這樣，一位以疑古辨偽擅名於學術界、創建了「古史辨學派」、開啟新的史學之門的顧先生，光彩奪目地出現在中國現代史上。而直接促成他完成這一偉業的，則是胡適、錢玄同二先生，以及與二先生共同討論發現中國疑辨傳統中代表人物鄭樵、姚際恒、崔述諸人的辨

偽著作。顧先生在《我是怎樣編寫〈古史辨〉的？》中說：「我的《古史辨》的指導思想，從遠的來說，就是起源於鄭、姚、崔三人的思想，從近的來說，則是受了胡適、錢玄同二人的啟發和幫助。」說明瞭他在學術專業上承受的主要淵源。

　　他的這一疑古辨偽業績，劃時代地把中國封建傳統中的古史系統從舊的靈霧中解放出來，力倡古史資料必須批判地對待，促成中國史學步入新時代，顯出了他對中國社會歷史科學領域所起的巨大而深刻的影響。有人只從當時顧先生之學盛行情況來加以描述，如徐旭生以為從1917年蔡元培掌北京大學時起的「三十年來疑古學派幾乎籠罩了全中國的歷史界」；甚至說「當時大學幾全被疑古派把持」（《中國古史傳說時代》）。但更多的人則對顧先生學術內容學術成就加以評述。如蔡元培說，「層累地造成的中國古史說」，「是顛撲不破的方法」。（《致顧先生》）錢玄同亦稱層累說「真是精當絕倫」（《古史辨》一冊）。胡適說：「《古史辨》是中國史學界一部革命的書。」「替中國史學界開了一個新紀元」（《古史辨》二冊）。郭沫若說：「顧頡剛的『層累地造成的古史』，的確是一個卓識。……他的識見委實是有先見之明。……在舊史料中凡作偽之點大體是被他道破了的。」（《中

國古代社會研究‧附錄‧夏禹的問題》）直至近年在國外學者如美國匹茲堡大學許倬雲說，他們的研究工作「幾乎無法避免以這種或那種方式受到《古史辨》這部學術巨著的影響」（與西德吳素樂書）。普林斯頓大學余英時說：「層累地造成的中國古史之說，在史學界發生革命性震盪，主要就是因為它第一次有系統地體現現代史學的觀念。」「的確建立了孔恩（T.S.Kuhn）所謂的新『典範』，也開啟了無數解決難題的法門，因此才引發了一場影響深遠的史學革命。……我們不能不承認顧先生是中國史現代化的第一個奠基人。」（《顧頡剛、洪業與中國現代史學》）明確讚揚顧先生為中國現代史學奠基者，這就最公正最鮮明地論定了顧先生學術的實質與價值，與前蘇聯歷史學家越特金（P.B.B）說顧先生之學「為創建中國現代歷史學奠立了第一塊基石」（致西德吳素樂信）完全一致。因此1987年6月22日北京英文《中國日報》評介拙著《顧頡剛先生學述》的專文《重新發現的歷史學家》（Historian rediscovered，by Wu Mei吳玫）一開頭就說：「一位在六十年前曾給了二千年的舊的中國史學傳統以毀滅性打擊的歷史學家，在中國當前學術重新認識本國文化之際，再度取得了他的聲望。顧頡剛是國際承認的現代中國史學的奠基人，同時也受到數量日

益增多的國外學者的研究。」

《中國日報》此文肯定了顧先生作為現代中國史學奠基人，是由於國際所承認，而且研究顧氏之學者日益增多。這是根據大量國外學者對顧先生學術的重視和研究所得來的認識。西德漢學家吳素樂（Ursula Richtar）撰《〈古史辨〉在西方漢學界的地位和影響》一文較詳細地搜集了有關資料，承她慷慨地借給我擇要寫入《顧頡剛先生學術》的「國外的影響」專節中。另外我還參考了美國施奈德（L. A.Schneider）《顧頡剛與中國新史學》一書所附注釋，約略獲知西方研究顧先生者不下40餘家，有論述逾百以上，主要論著達70餘種。吳素樂文中則說：「西方關於評介新文化運動中顧先生及其學派學術的文獻已經到了如此之多的地步，以致已不可能仔細查閱所有這些數以百計的論述古史辨學派在改革運動中所起作用的文章、專著和博士論文，因此只能略舉一些最重要最流行的論著。」現在更概略地舉一些較重要流行者談談，以見《中國日報》言之有據。（凡各家作者論文、著作原題及發表年月與出處，皆詳載《顧頡剛先生學述》書中，此處皆從略。）

20年代《古史辨》出版後，美國恒慕義（A.W.Hummel）謂其《自

序》「是中國近三十年中思潮變遷的最好記載」。到1931年譯成英文向世界傳播，為西方學者不斷引用，自30年代直至近年都有引用者。

30年代美國魏特夫（K.A.Wittfogel）稱顧氏為中國起領導作用的史學家。英國萊恩（D.W.Lyon）稱顧為「最受歡迎的作家」中的「有歷史才智的學者」。美國埃伯哈德（W. Eberhard）謂顧「治學效用達到可驚地步」，以後常用顧的觀點治漢學。又嘉德納（C.S.Gardner）撰《中國傳統的歷史編纂學》一書，大量引顧先生敘文，並謂顧雖用西方科學方法，卻在純粹的中國文化背景中鑽研。又古德里奇（L.C.Goodrich）在哈佛刊物上英譯顧論明代文字獄之文。

40年代中期起至50年代前期由於戰爭累乏了，對顧先生學術的研究沉寂下來。然其前其後略有數家介紹及顯現顧先生觀點之作。

60年代初重印嘉德納之書，使西方研究顧學重趨活躍。英國格雷（J.Gray）在《中國和日本歷史學家》中撰寫中國一章，介紹了古史辨學派的重要作用。美國沃克（D.M.Y.Kwok）撰文就科學觀念進入中國談顧氏這場歷史論戰。又施奈德英譯顧的《春秋時的孔子和漢代的孔子》。包華德（Howard Boorman）霍華德（R.C.Howard）合編《中國人名辭典》，列入《古史辨》23位作者小傳。費維凱（A.Feuerwerker）

編中國新史學論文集，中有賀四維（A.F.P.Hulsewe）一文述《古史辨》及恒慕義譯文。英國《政治與經驗論文集》有波科克（J.G.A.Pococt）文說顧氏「用賦予過去以連續性的辦法來否認過去有權認可現在」。還有西德女學者斯台格（B.Staiger）關於中國對孔子批評的著作，較多引證《古史辨》之文。

　　70年代開始出現對顧先生之學進行系統的專門的研究。其中最有名的著作是1971年出版的施奈德的《顧頡剛與中國新史學》，其副題是「民族主義對兩種傳統加以選擇的探索」。據1945年以前顧先生學術資料寫成四部八章，前有「引言」，後有「後記」，對顧先生一生主要學術成就作了完整的體例嚴謹的闡釋和評述，也基本可窺見西方對顧先生學術的評價。普賴斯（D.C.Price）評此書作了令人印象深刻的研究，將成為研究現代中國思想所必備的書。接著德利克（A. Dirlik）撰文談疑古派活動傾向和馬克思主義者最初對它的評論，儘量利用了施奈德書介紹顧先生和古史辨學派。而《哈佛東亞論叢》及加利福尼亞大學《中國保守派的選擇論文集》都有論及新文化運動中顧先生這一學派的文章。《大英百科全書》第15版出書，作為西方學術界普遍接受顧先生學術地位的標誌，特在這部西方具有權威性的百

科全書內列了《古史辨》的詞條。

　　80年代西方研究顧先生學術更出現新形勢，西德慕尼克大學吳素樂博士寫了幾部闡述顧先生學術的專著。第一部德文著作是《古史辨—中國一次科學論戰的結果》，作者專程來華拜訪了顧先生和古史辨派學者及其他的人，才下筆寫成此書，以為「古史辨」超越古史考辨範圍，反映五四新文化運動對中國文化遺產重新進行整理和總結的要求，然後概述了《古史辨》出版以來在中外讀者中的廣泛影響。及1980年12月顧先生逝世，吳素樂為美國《亞洲研究雜誌》寫了作為訃告的顧先生近千字的小傳。又寫了《顧頡剛最後三十年》，以補施奈德書所缺的1945年以後事實。最後完成另一部德文巨著《顧頡剛與中國古代歷史的考證》，成了顧先生最詳備的學術傳記。說顧頑強地衝破了孔教傳統的陳腐觀念和禁區，打開了在歷史學範圍內新的思想領域，把中國傳統治學方法和西方「科學的」方法結合成中國歷史學中嶄新的研究方法。而又只沿著數百年來中國學者求是精神對古典資料作辨偽以求真的研究。雖保守的民族主義者和新進的馬克思主義者中都有人對他的學術不滿，但他的學術越來越得到充分肯定。由西方學者對他的研究達到如此之多的地步即足為證。當顧先生《我是怎樣

編寫〈古史辨〉的？》發表後，吳素樂又立即以英文譯出，刊於西德英文刊物《東亞文明》上。

這是歐美對顧先生學術讚揚與研究的一些情況。至於東歐則比西歐、美洲要晚得多，通過吳素樂的努力，搜集到一些情況。大抵東歐漢學界中，古史辨學派是人所共知的，許多學者在自己的研究中使用了《古史辨》中許多論文資料。其中著名學者前蘇聯科學院越特金在翻譯《史記》時引用顧說，並來華請得顧先生幫助。他為《蘇聯歷史百科全書》撰寫了「顧頡剛」詞條，以為《古史辨》在發展科學的歷史考證方面起過顯著的作用。後來他在致吳素樂信中說：「蘇聯漢學家對這個新史學派給了很高的評價。」上文引到他說顧先生之學為創建中國現代歷史學奠立了第一塊基石，即在此信中。另一位前蘇聯學者李夫亭（B.u）在《從神話到小說》中引據顧先生著作三種。此外波蘭的格維裡考斯基（K.Gawlikowski）、東德的莫里茨（R.Moritz）都曾在著作中運用了所受顧先生學說的影響。

而所有歐美學者承受顧先生學說影響，運用顧先生學術觀點、方法，來研究中國古典學術的，更不乏人。較著者，30年代和40年代有美國的埃伯哈德、顧立雅（H.G.Greel）、拉鐵摩爾（O.Lattimore），

英國的韋利（A. Weley）、休斯（E.R.Hughes），瑞典高本漢（B.Karlgren）等，50年代至70年代有美國的葛德（D.Bodde）、許倬雲，香港的諾亞費爾（Noah E.Fehi），德裔美國人衛德明（H.Withelm），英國格雷厄姆（A.C.Graham）、湯普森（P.M.Thompson），西德坎得爾（B.Kandel），荷蘭賀四維（A.Hulsewe）以及美國施奈德等，都在其研究中國古代各方面的學術著作中，明顯地採用了顧先生的觀點、方法，秉著顧先生的精神，或運用顧先生得出的結論，而後完成了他們豐富多彩的研究。

　　東鄰日本開始承受顧先生學術影響，比歐美晚了10年，但一些純正的學者逐漸注意起來，而當他們一旦知道之後，就比西方表現了更大的熱情。據日本小倉芳彥教授等五位學者合譯顧先生《秦漢的方士與儒生》（改題「中國古代之學術與政治」）所附日本學者研究顧先生學術的書目，載明自1935年《中國文學月報》第五號發表武田泰淳介紹顧先生學術開始，已有學者16家提出30多篇評介和稱譽顧先生學術之文。如1937年《東洋史研究》上有貝塚茂樹較全面和系統地介紹顧先生學術的專論，首次作為著名歷史學家介紹給日本，並將顧先生著作書目列為《現代支那名家著作目錄（五）》刊出。而影響最大的

並在學術情誼上最動人的是平岡武夫教授1940年譯《古史辨第一冊自序》（其後1953年、1987年兩次改譯增訂資料），在日本學界引起一陣不小的「旋風」。貝塚茂樹立即發表書評，小倉氏《顧頡剛與日本》文中說到日本學者對顧先生的學術真誠所抱的親切感，反映出平岡先生譯文剛剛出版時，日本讀者所受到的由衷感動。還有石母田正《關於中國的歷史學家》對平岡所譯一冊自序的讚揚而產生了巨大影響，充分反映敬佩顧先生學術熱情的精神。

石母田氏之文是50年代發表的。其前的40年代還有武田泰淳、竹內好、野原四郎、中尾雄一、增淵龍夫等人介紹論述顧先生學術之文。其中武田之文稱讚顧先生為鼓舞民族士氣，將一番熱情傾注於開發河套的王同春身上，遠非通常記述。竹內之文則盛推顧先生將學術研究與救國熱情結合起來，把鼓舞民族志氣融匯到學術研究之中，「九一八」以後一切文化方面的民族主義浪濤促成對邊疆的關心。野原之文對30年代中國社會史派批評顧先生與司馬遷、崔述一樣「考信於六藝」，以為「即使不是誣衊，也是過分苛刻，因為顧氏正在確立自己的歷史批判觀」（按野原氏即是對顧的學術真誠抱有親切感之人）。中尾之文則介紹了顧的歷史地理學。增淵之文批評顧在文獻批

判方法上超越了合理程度，追隨歐美學說是「以新偶像代替舊偶像」。小倉氏指出這是借了對顧先生史學方法過苛的批判，用以反對戰後日本史學界進步史學工作者，警告不要以新偶像代替舊偶像，是另有所指的。

60年代，有野原四郎、直江廣治等介紹顧先生鼓吹抗日所編通俗讀物及民俗學研究之文。70年代則平岡、小倉兩位先後來華專程看望顧先生，都表達誠摯的感情。平岡以70高齡見面即扶抱顧先生，熱淚盈眶地連呼「老師！老師！」。小倉以同樣熱情撰寫了《顧頡剛與日本》，第一部分談他自己讀《古史辨一冊自序》後對顧的學術的感受，第二部分談日本學者對顧的學術的研究情況，第三部分談他本人對顧先生一些重要學術的認識。小倉氏作為日本皇家學院的學習院大學教授、文學部長，是繼平岡氏之後向日本介紹顧先生學術最熱情和最有影響的一人。然後他與川上哲正、小松原伴子、原宗子、星野謙一郎等合譯《秦漢的方士與儒生》，附注釋、解說等，用力最勤，介紹顧先生此一古史研究傑作最為詳盡。在此期間，還有藤本幸三專文介紹顧先生編通俗讀物情況及其在民間文藝中的地位。

到80年代，承顧先生逝世之後，平岡武夫氏發表《顧頡剛先生悼

念》長文，小倉氏亦發表《抗日戰爭中的顧頡剛及其所作〈西北考察日記〉》長文，表達了這兩位曾向日本學術界詳細介紹顧先生之學的友人對顧先生生死不渝的學術情誼。1982、1983年兩年，小倉氏先後譯出顧的《西北考察日記》及通俗讀物編刊社愛國宣傳小冊11種14篇，皆寫專文作了情況介紹，並附野原四郎《顧頡剛的戰時工作》一文。小倉氏又在東京大學開設專課講授《西北考察日記》。通過這幾項工作，使日本人民和學界在顧先生去世之後不久時間內，由這一更寬廣的接近人民大眾的學術工作領域裡瞭解顧先生的學術精神。

很重要的是日本文部省50年代審定的中學歷史教科書中的《世界史》下卷關於中國「走向近代化的文化運動」一節裡，敘述民國初年的混亂時期，尋求近代化、民主化和中國自主獨立的運動高漲，擔負其先鋒任務的是推翻封建思想和文學的文化運動，清學的考據學受西洋實證主義影響進一步發展，產生更科學的更實證的研究中國舊文化的風氣，因而說：「在古代史中留下了重要著作的王國維是其先驅者，胡適的《中國哲學史大綱》，顧頡剛所編的《古史辨》等，是其成果之一。以前隱藏在神秘的影子裡的古代面貌漸次明朗，中國的真面目於是開始顯露出來。」這就以國家教科書使日本全國知道中國新

文化運動中在學術上起作用的是王國維、胡適、顧頡剛三人。而所稱神秘影子裡古代中國開始顯露出真面目，正是顧先生的主要學術業績。

　　《中國日報》文章即根據上述許多情況，肯定國際公認顧先生是中國現代史學奠基人，以及日益增多的國外學者重視與研究顧先生學術。但該文下面接著說：「有諷刺意味的是，顧在他的國內同胞中卻較少有人知道他的學術，特別是1949年以後出生的人。30多年來，中國歷史著作總把顧稱為資產階級學者，比較忽視他的成就。」這是一個冷漠的現實。其實這類漠視顧先生學術的人，約略可分三種情況：一種是站在封建史學立場的，從當年和顧先生展開古史論戰的那些維護封建經學孕育成的封建史學的衛道先生，一直到近年還有穿著現代外衣竭誠維護三皇五帝封建古史體系的人（見拙著《古史續辨》最末一篇《評一部不依科學談古史的書稿》）。一種是自以為站在無產階級立場，自然要看不起資產階級學者。（如上文提到30年代中國社會史派反顧先生似與此尚有所不同。呂振羽《史前期中國社會研究》稱諸如此類的人是「冒充辯證論的歷史家」。）一種是沒有站在某種明確立場，完全基於不理解形成的誤解，其意見往往是不符合顧先生實

際的。我曾寫了一篇《要正確理解顧頡剛先生對傳統文化載體所作的考辨》有所辨析，這裡不深論。我以為只要舉兩家較正確的意見，就足以解這些人之惑。一是較系統地反映西方對顧先生學術的認識與評價的美國學者施奈德的論斷，一是中國社會科學院院長胡繩同仁代表黨和政府對顧先生學術所作的科學評價。

施奈德在《顧頡剛與中國新史學》的「引言」裡說：「正在發展中的中國民族主義，銳志地要求放棄或者摧毀那些在十九和二十世紀把中國推向毀滅邊緣的傳統學術觀點和傳統制度，同時也要求中國民族保留與其他民族特別是西方民族不同的文化特性。」「顧頡剛帶著他的同仁所做的工作，就是想通過重新安排過去與現在的關係……相信在中國的過去中有既足以破壞舊傳統、又足以建立新傳統的令人鼓舞的源泉。」「他想通過學術活動來糾正人們對中國過去的錯誤看法，整理那些被他認為有害於現代中國之成長的學術研究方面的東西。」「他不願輕易否定中國的過去而無所保留。他的思想被中國文化危機所吸引，因為中國現代派人士否認中國的傳統，已經危險地達到像歐美人士那樣否認中國傳統的地步。……他的範圍廣泛的著作，就是要力圖重建過去，使之與二十世紀的認識論和歷史觀相一致，同時也與

他力求保持一個二十世紀中國的中國個性相一致。」「不是現代國家
所需要的東西必須摒棄；能順適現代的東西應予保留、更新或發展。
更確切地判斷某項是否需要，主要有賴於歷史的研究。」「使原始科
學學術傳統對新思想成為有利無害的東西，把它變成一種非儒家象徵
的，但卻是中國文化上的某種東西；把它變成不是西方的某種東西，
但卻能指出文化上現代化的道路。」施氏在「引言」的最後說：「顧
的反傳統主義有革命的成分，而他對中國學術的貢獻，也就是他對
二十世紀中國的革命過程的貢獻。」施氏在全書的「後記」裡，提出
一個這樣的標題：「一個非馬克思主義史學家對革命的貢獻。」文中
說：「他是一位懷疑論者，但他的懷疑論是受繼承過去的知識及以這
種知識為依據的價值的指導的。」「顧氏很明確而相當成功地指出過，
怎樣把歷史虛構變成真實性。」

　　胡繩同仁在「顧頡剛先生誕辰一百周年學術討論會」上講話說：
「顧頡剛先生在五四運動後不久開始從事學術活動，他孜孜不倦地工
作……是近代中國的一個重要學者。」在引了顧所說不反對唯物史
觀，他的考辨為唯物史觀的研究準備堅實基礎那段話後說：「這段話
很可注意，這段話表明頡剛先生很早就表示對馬克思主義唯物史觀的

同情，並且認為唯物史觀的歷史研究要有確實可靠的史料辨別工作為其基礎，這個意見是對的。頡剛先生用『層累地造成的古史』的觀點，進行古史傳說的考辨，作出了許多有價值的貢獻。」「進入新中國時期後他追求進步，即使在文革期間受到不公平的待遇後，仍然勤勤懇懇地從事科學工作。他是馬克思主義者的朋友。我想，他從二十年代起六十年間做的學術工作都是對馬克思主義的學術有益的，雖然他不是馬克思主義者。他的一生工作對於我們說來是一筆豐富的遺產，馬克思主義者應該也必須很好地繼承這筆遺產。不重視繼承顧頡剛先生以及其他類似的遺產的人就不是真正的馬克思主義者。」

　　這樣，從國際學術界的意見和黨的學術領導者的意見，就可對顧先生學術得到正確理解和知道應該採取正確對待的態度了。目前港、台學者及旅美華裔學者中，有不少熱情研究顧先生學術的論著，除上文引到以新儒學擅盛譽的余英時先生論定顧先生為中國現代史學奠基者之文外（其時間更早華裔學者之文則錄在拙著《顧頡剛先生學述》中），據我不完全的瞭解，尚有下列諸家：許冠三《顧頡剛：始於疑而終於信》（載許氏《新史學九十年》，1986年，香港中文大學出版社出版）；鄭良樹《顧頡剛學術年譜簡編》（寄回大陸，1987年由北

京中國友誼出版社出版）；王汎森《古史辨運動的興起——一個思想史的分析》（1987年，臺北允晨文化實業公司出版）；彭明輝《疑古思想與現代中國新史學的發展》（1991年，臺北商務印書館出版）。其單篇論文則有：王仲孚《顧頡剛的古史研究與著述》（1987年6月，《臺灣師範大學歷史學報》十五期）、劉健明兩篇書評《評王汎森著〈古史辨〉運動的興起》（1989年《香港中國近代史學會會刊》三期）《彭明輝：疑古思想與現代中國史學的發展》（1993年《香港中國近代史學會會刊》六期）。由這些看到，當顧先生之學在1949年後出生的大陸同胞中相對來說比較受漠視的同時，而港臺地區及美國的中國學人是如何在熱情重視和研究顧先生之學。但1993年5月，國家在蘇州舉行了「顧頡剛先生一百周年誕辰學術討論會」，已表明了黨和政府對顧先生學術的重視，再加上學術領導人胡繩同仁發出應重視顧先生學術的宣導，祖國大陸學術界也自然會重視顧先生之學的。由《國學大師叢書》主編出版這部《顧頡剛評傳》就是明證。

這部《評傳》由能傳父學的顧先生兩位女公子顧潮、顧洪寫成。顧潮在中國社會科學院歷史研究所，顧洪在中國社會科學院文獻資訊中心，皆從事研究工作。顧潮費了8年之力寫成《顧頡剛年譜》一書

（1993年中國社會科學出版社出版），資料繁備、詳盡典贍、部次至當，為學術界所稱道，《傳統文化與現代化》雜誌將發表書評，向學術界推薦。顧洪費了7年之力整理釐訂原稿180多冊400多萬字的顧先生《讀書筆記》，條分縷析，按精細所分的學術門類，編成系統化的詳盡索引一厚冊，全書由臺灣出版成精裝14巨冊（1990年臺北聯經出版事業公司出版），為海內外學者重視。兩人在多年熟讀父書的堅實基礎之上，應《國學大師叢書》編委之約，共同撰寫此書，其先天條件是優越的。加上兩人聰慧而富才華，治學勤奮，文筆流暢，善能體會父親學術精神；顧洪且曾為我的研究生，我深知她的科研能力之強。以這樣兩位「左家才女、班氏大家」式的女學者撰寫這位大師的評傳，自是學術盛事。書中記了許多外界所不知的顧先生自幼及壯有關為人治學的生動情節，更有助於人們對這位國學大師的瞭解，懂得他所以為國學大師的由來。至於對顧先生昭垂學術史上的「疑古、辨偽」大業和方面甚廣的各個學術領域的成就，以及各個時期學術傾注所向與當時整個文化背景之間的關係等等，都作了非常中肯、周詳的分析和闡述，讀者閱讀了這部書後，定會對這位中國現代史學奠基者及幾項學術門類的開創者的顧先生的學術業績，形成一個深刻印象和

較全面的認識。

　　序文至此可以收筆了，但我還想「曲終奏雅」，略略補充談一下不大為人所知的顧先生在古典詩詞方面的造詣，以見作為國學大師必具的素養。因為這是作為大師而能「博學鴻詞」必備的內容，像康有為、梁啟超、章太炎、嚴復、王國維、陳寅恪、黃侃等等以及新學者胡適、魯迅、郭沫若諸人，沒有一個不是擅長古典詩詞的。顧先生從小也深習此道，我曾從其舊篋中看到他早年讀書時所撰寫的五古，純然胎息蘇、李，出入韋、孟。以後精力耗於浩瀚淵海的學術著作中，較少看到他的詩作。但有時在他的日記《顧剛日程》中偶載有即興之作。最近看到他1917年讀北大本科時寫給葉聖陶的信，因葉來函中抄寄了近作，因而顧先生也錄出自己的兩首詩和一闋詞回寄給葉。詩和詞如下：

為某君題《瀟湘雁影圖》

　　幾度秋山許比飛，空留歌哭意雙違，可憐雁影渾無定，
欲向瀟湘問所歸。

　　冥飛苦有夜煙寒，應羨鴛鴦水底安，今夕與君開畫幅，

行雲斷處一泫瀾。

雙雙燕　懷人

晴光照幌，看柳葉風前，亂飛影子。三秋一日，真到三秋奚似？況阻津門雲水，縱極目天涯未是。遙憐獨處深閨，今夜藥爐煖未？怕見零花墜卉，奈苦祝春回，春還無語。悲歡憑主，敢怨天心薄與？欲待安排歸後，又去就都難自處。可能同到春明，笑說當年負汝！

據顧潮《對我父親幾封信的詮釋》，談到此詩詞時，說顧先生當年在《不眠集》中寫道：「年來惡文詞甚，絕筆不作詩。今與孟真（傅斯年）君武（狄膺）居，覺此意又漸轉矣。」「婦病經年，予旅學京師，相隔經年，此心殊難自解，郁伊不樂，成《雙雙燕》一詞。」這是顧先生自上北大預科以及進入本科專心問學以來，決摒棄詩詞不做，以免分心力影響治學。但因與傅斯年狄膺同住北大西齋，受他們愛好詩詞影響，偶複破戒為詩。所錄詩兩首，看出青年時的顧先生的高文藻思，具蘊藉之極致。而《雙雙燕》一詞，悱惻纏綿，情見乎

辭，足徵先生對夫人情愛之篤，深具風人之義。

30年代後期，先生深入甘肅、青海，在其《西北考察日記》中頗錄存其途中所為詩篇，如：1938年遊臨潭舊城，所見到馬蘭花開，色深紫，群蝶繞之，因得一小詩云：

> 榴紅照眼憶鄉關，已染胡塵不欲還。
> 五月尋芳飛亂蝶，馬蘭紫遍卓尼山。

遊八龍山，口占兩絕云：

> 八龍山上八龍池，蕩漾雲光上藻絲。
> 顧視群巒齊俯首，幾留峭頂照湖湄？

> 雪壓南山是疊州，石門金鎖望中收。
> 白雲鎖住石門裡，添得雪山幾個丘？

到藏胞家作客，飽食羊肉，來去皆騎馬走草地，心情極佳，遂戲成一絕云：

到處有山便有花，藍紅黃紫遍天涯。

東方故舊如相問，馬上行人不憶家。

赴蘭州途中，過青石關，夜聽流水聲甚壯厲，得一小詩云：

青石關前滯客行，長空惟有陣雲橫。

黃河夜瀉千峰雨，迸作金戈鐵馬聲。

這是顧先生中年行旅關山之作，蒼莽之氣，時以清新俊逸出之，而旨遠辭深，逸興遄上，真可一唱三歎，擅竟體風華之致。

到將近晚年，居大連避暑，與金毓黻先生門人周之風君結鄰，忽聞金先生逝世噩耗，先生《讀書筆記》第八卷中記當時撰悼詩贈周云：

逃暑盤桓秀月橋，安排好聽潮，

驚傳翔起遼東鶴，落日樓頭賦《大招》。

蕭慎夫余史闕文，冥搜猶待燭膏焚，

金公遺緒賴誰補，公誼私情兩屬君。

讀之能使人掩卷歔欷！金先生遼東人，史學大師，著述宏富，尤擅東北史，編纂《遼海叢書》，所著《東北通史》只印出上卷，故詩中長歎息之。這是先生晚歲篤於學術故舊之情，發而為此詩。不徒思深味永，即隸事遣懷，皆臻上乘，益見蒼涼綿遠。視時人有時所傳詩句，夐乎遠矣！

　　先生以一代國學大師，史學巨匠，學術湛深，有牢籠百氏之概，而仍不全棄吟事，真韓昌黎所說「餘事作詩人」。在現代詩人中，固當據有一席之地，而為其中佼佼者。當人們讀過顧先生詩後，一定會同意這一論定。

　　　　　　　　　　　　　　　　　　　　　　　劉起釪

英文提要

Professor Gu Jiegang （1893-1980） is a famous Chinese historian. He cultivated the habit of diligent reading, under the strict guidance of the patriarchs and teachers of the traditional family and private schools. While he studied at the Beijing National University, he was also dedicated to the Beijing opera.

Professor Gu developed a new hypothesis in the field of Chinese history. He drew from many who passed before him. He drew inspiration from Kang You-wei's ideas about "the vagueness and confusion that characterize our knowledge of ancient Chinese history". He continued the academic tradition of "Skepticism of the past and exposition of the spurious" developed by scholars from the Song and Qing dynasties. He adopted the western scientifi c methods recommended by Dr. Hu Shi and was enlightened by Qian Xuan-tong' s critical attitude toward the ancient classics. He also was able to integrate his discoveries in traditional operas. Based on this foundation he was able to raise a new hypothesis called "the stratified fabrication of ancient Chinese history" in 1923.

He was the founder of the school of Gu Shi Bian and made a revolutionary contribution to the field of Chinese historical Scholarship. He was able to transform the "Three Kings and the Five Emperors", and Yu, the first emperor of the Hsia dynasty, the controller of the floods, from their apparent historial positions into their true mythological context. By being the first Chinese historian to utilise western scientific methods and concepts of history and social science he was able to perform systematic textual criticism on Chinese historical data in documents dating from the early Qin to the Han dynasties and thereby provided a new approach in reorganizing ancient Chinese history. He ushered in a new era in the study of Chinese folklore and folk literature by illustrating his techniques using those research methods in the area of myth and folk-songs. In addition, he edited the journal" Yu Gong Ban-yue Kan" （Chinese Historial Geography） and established the Yu Gong Institute during the national crisis of the mid-1930's and thus became the founder of Chinese historial geography.

This book consists of five chapters. Professor Gu's experiences as a small boy are introduced in chapter one. Chapter two describes how he came to choose research in the field of ancient history as his lifetime career while at

Beijing University. The third chapter is the core of the book, which explains Professor Gu's research methods and contributions to the field of ancient Chinese history. It includes a review of his writings and books such as "Correspondence with Professor Qian on Ancient History", "The Autobiography of a Chinese Historian: a Preface to a Symposium on Ancient Chinese History", "Politics and Historiography under the Influence of the Five-Elements Theory", "The Alchemists and Confucianists of the Qin-Han Era", "Research on Shang Shu"（Commentaries of the Study of the Book of Documents）as well as other editions such as "Gu Shi Bian"（Critiques of Ancient History）, etc. His innovations in the fields of folklore and historical geography are discussed in chapter four, including his editions "The Legend of Lady Meng-jiang: An Anthology of Studies", "Wu Ge Jia Ji"（Folk Songs of Jiangsu province）, and "Miao Feng Mountain"（collection of folk ceremonies）, etc. The last chapter contains reflections which illuminate his wonderful personality and attitude toward his scientific pursuits. We gain insight regarding his character by witnessing his habits of diligent study, his indomitable spirit of exploration, his self-criticism of his own scholarship, his tolerant attitude toward opposition and his enthusiasm in nurturing younger scholars. His life as well as his academic achievements leave one with a lingering impression of a great man.

引論

以考證方式發現新事實，推倒偽史書，自宋至清不斷地在工作，《古史辨》只是承接其流而已。

——《我是怎樣編寫〈古史辨〉的？》

20世紀50年代初，在知識份子思想改造的學習運動中，古史辨派受到了批判。這一學派的代表人物顧頡剛先生不便在公開場合申辯，只在讀書筆記中留下一段表白。他先引用列寧的話：「無產階級文化應當是人類在資本主義社會、地主社會、官僚社會壓迫下所創造出來的全部知識合乎規律的發展。」然後概括了疑古思想在中國社會中產生的必然性及其發展歷程，認為自己生在歷史上的疑辨家之後，只是把他們的成績集個大成。最後有這樣一句耐人尋味的話：「《古史辨》是地主社會和官僚社會壓迫下所創造出來的知識匯總發展的結果，其成也不是我的功，其敗也不是我的罪。」[1]這句話做注腳的是他後來說的更為平實的一句話，1958年，他對當時擔任中國科學院歷史研究所副所長的尹達說：「我之學術思想悉由宋、清兩代學人來，不過將其零碎文章組織成一系統而已。要批判我，是否先須批判宋、清兩代之疑古思想？」[2]

（一）繼承歷史上的疑辨傳統

研究歷史，第一步的工作是審查史料。然而中國號稱5000年的歷史，六經以前已不再有記載，三代足徵的文獻所剩無幾，共和以前沒

1　《顧頡剛讀書筆記》卷四，臺灣聯經出版公司，1990，第2609頁。以下簡稱《筆記》。
2　《筆記》卷七，第5506頁。

有正確的紀年。留傳下來的文獻絕大多數是在戰國時代形成的。

戰國時代生產力突飛猛進，社會發生急劇變化，也產生了眾多的思想家。他們用當時的制度和思想或理想中的制度和思想去看古代社會，創造諸多學說，以適應他們身處的環境。例如尚賢故事就為適應士的階級的需要，五德故事、分州故事、封禪故事、皇帝故事等是為適應帝王階級的需要。這就造出了許多偽古史。另外文化的力量常使人有意或無意中作偽，種族歷史也常因文化傳播而有所改變。例如商周本為兩族，嚳為商族所奉之宗神（見於蔔辭）；但周人滅商後，移民東土，全部接受商族文化，則嚳又成為周之宗神，周祖後稷原是無父而生的，到這時遂成為嚳子。少昊本為東土古王，自秦由東遷西，將少昊一同移去，而少昊遂為五行學家排列為西土之神。

上古史經過長期的流變和先秦諸子的創造性整理，作為其主要載體的古書又遭遇了秦漢間的動亂和戰爭，再加上沒有歷史觀念的漢儒搜集釐訂，其問題之多是不足為怪的。因此，與古史流傳和古書形成這一長過程相伴的，便是疑古辨偽思潮的出現和發展。它絕不是幾個人突發奇想能想出來的。當「文、武之道未墜」的春秋之世，子貢已說「紂之不善不如是之甚也」，「這實在是一句聰明話，是我們的辨偽史中的第一句話」。[3]口邊常提「《詩》云」、「《書》曰」的孟子，也會說，「盡信書不如無書，吾于《武成》取二三冊而已」（《孟子·盡心》）。凡有理智的人，絕不會對任何事物做無條件的信仰。司馬遷生於戰國百家寓言之後，「網羅天下放失舊聞」，寫成了中國第一

3　　顧頡剛：《崔東壁遺書序》，上海古籍出版社，1983。

部「究天人之際，通古今之變」的偉大著作《史記》，然而帝王能捨伏羲、神農、燧人、有巢，名人能捨許由、務光、列禦寇，實在需要眼光和膽量，辨偽史中當列一席。班固《漢書・藝文志》裡指出過一些古書為「依託」、「非古語」、「近世增加」。王充的「疾虛妄」的《論衡》打破許多不合理性的傳說，其《藝增》、《儒增》等篇對經書和子書舉發了不少的疑點。而考據性的辨偽大約可以把西元2世紀馬融否定《尚書・泰誓》的文字算做第一聲。《泰誓》是漢武帝時所謂新發現的一篇周初的書，當時立於學官，這種經典上的權威地位竟不能鼓起馬融的信仰，反被他找出理由來反對，特別是他從古書中找出引用《泰誓》的話都不見於這一篇裡，成了確定它是西漢時偽造的堅強證據。[4]早期辨偽的工作從經書的注疏、史書的記傳中，還能夠窺得一鱗片爪，例如《周禮・春官》宗伯「五命賜則」賈《疏》引孟子張、包周等疑《周禮》語；《後漢書》本傳記桓譚、尹敏不讀讖、不信讖；荀悅《申鑒・俗嫌》篇亦疑緯書；傅玄疑《國語》見《左傳》哀公十三年《疏》，其疑《管子》見王應麟《漢書藝文志考證》等等。

　　唐代古文籍的研究是一個啟蒙時代，它的代表人物是劉知幾、啖助和柳宗元。劉知幾的《史通》對於史界的權威作了不容情的批判，他不信古代的記載完全真實，並點破學術界所以不敢疑古的心理是「拘於禮法，限於師訓」，其《疑古》《惑經》兩篇由於推翻人們的信仰太劇烈，挨了1000多年的罵。啖助治《春秋》，站在事實的基礎上指出《左傳》勝於《公》、《穀》，開了「春秋三傳束高閣，獨抱遺經究終始」的超家派的研究風氣。他的弟子趙匡、陸淳繼其學，並為清

4　詳《古籍考辨叢刊第一集序》，中華書局，1955。

代的《左傳》研究開了先路。柳宗元則用啖助的方法治諸子，也啟發了後人的研究。

唐代以後，刻版技術發展，書價低廉，學者能見到的書驟然增加，為宋代學術發展提供了物質條件。宋代學術的兩大精神，一是革新政令，其事至荊公而止；二為創通經義，其業至晦庵而遂。既欲一新天下之法令，而鄙薄漢唐為不足循，則經籍注疏之成於漢唐諸儒之手者，自亦無足存，於是有所謂新經義之作。[5]實際上打破章句注疏，出新義解經的改注運動，本身就是辨偽求真的運動。因為重新注解，必然要對舊說作一番認真的審查，使古史、古說中的問題暴露出來。晁以道辨《尚書》今本與古本之異，辨《詩序》之妄，辨《穀梁》晚出，其書不傳，洪邁《容齋三筆》節錄數語，並評之曰：「然則晁氏之於群經，可謂自信篤而不詭隨者矣。」「自信篤而不詭隨」一語，概括了宋人的精神。在這種精神下，於是「新進後生，未知臧否，口傳耳剽，翕然成風，讀《易》未識《卦》、《爻》，已謂《十翼》非孔子之言；讀《禮》未知篇數，已謂《周官》為戰國之書；讀《詩》未盡《周南》《召南》，已謂毛、鄭為章句之學；讀《春秋》未知十二公，已謂『三傳』可束之高閣」（司馬光《論風俗劄子》）。正可見北宋之世，疑古思潮極為澎湃，已成為一種時代潮流。

朱熹說：「舊來儒者不越《注》、《疏》而已，至永叔（歐陽修）、原父（劉敞）、孫明複諸公，始自出議論。」（《朱子語類》卷八十）歐陽修的辨偽著述，有《易童子問》疑《十翼》，有《詩本義》疑《詩

5　　錢穆：《中國近三百年學術史・引論》，商務印書館，1937。

序》並辨毛、鄭《詩》說，有《泰誓論》疑《尚書》，有《請刪定正義疏》疑唐人《正義》，還有辨《帝王世次圖譜》、辨《石鼓文》等文字，惜今已不傳。在他的提倡下，宋代出現了不少辨偽人物。王安石疑《春秋》，蘇軾疑《莊子》，程頤雖是一個嚴肅的理學家，對偽書偽史也有許多匡正。鄭樵生當兩宋之交，摒絕人事和科舉，安心讀書著作，不僅志在「六經」和其他古書，而且把研究範圍擴大到天文、語言、生物、醫藥等方面。他最恨的是「空言著書」，唯一的宗旨是使學問在實物上發出，不使學問在書本上發出，被世人看作癡人、愚人、妄人，《宋史‧儒林傳》和《宋元學案》中只有寥寥數百、幾十字的記載。自從清代章學誠辨明著述和纂輯的不同，又作《申鄭》《答客問》諸篇，暢言他的學問和功力，人們才漸漸注意他。他不信《易經》的《彖》《象》出於孔子而以為戰國時的兩家；不信《爾雅》出於周公，而以為在《離騷》之後；不信石鼓是史籀所書，而以為秦物；把《詩》當成樂歌，以樂府詩為最好的比較材料，放到聲歌的地位去研究。朱熹在他們的基礎之上，作了更深廣的開拓。他一方面是道統的繼承者，另一方面又實事求是地做審查史料的工作。他先作了《詩序辨說》，揭發它違反《詩經》真意的地方，繼作《孝經刊誤》，證明其中有許多抄自《左傳》而又抄走樣的，必非孔子所說。他屢次辨《古文尚書》，以犀利的眼光看出今文古文的差異，說「孔壁所出皆平易，伏生所傳皆難讀，如何伏生偏記得難底，至於易底全記不得？」，這個問題確實點到了《偽古文尚書》的要害。他的學生蔡沈作《書集傳》時，即遵守他的意思，在每篇下注明「古文、今文皆有」或「今文無、古文有」，使人們了然於今文古文的區別。他在漳州刊刻「四經」，把《易經》和《易傳》分開，把《書經》和

每篇的「序」分開，把《詩經》和《詩序》分開，把《春秋》和《左傳》分開。這樣經歸經，傳歸傳，看似平常，卻實在是他的歷史觀念的高度發揮。這樣不使經傳相混，實際上是把兩周的史事、制度、學術與戰國、秦漢間所傳的古代史事、制度、學術區分開來，因而劃出了兩種不同時代的文化分野。他在給呂祖謙的信裡說：「其（經）可通處，極有本甚平易淺近，而今《傳》、《注》誤為高深微妙之說者。」這就是說，兩周的《經》本是供人生日用的平常的東西，到戰國以後的《傳》、《注》卻化為高妙的聖道，性質就變了。由於他的工作，所以到了清代，崔述要考信於《經》而摒卻《傳》、《記》的種種附會，龔自珍又要替《六經》正名。（詳《古籍考辨叢刊·後記》）可以說，宋人疑經開始於歐陽修，而鄭樵、朱熹承之，實為批評精神之最高表現。

明初繼續宋人的辨偽之學，有宋濂《諸子辨》。晚明胡應麟受宋濂影響，從許多目錄書裡，尤其是馬端臨《文獻通考》的《經籍考》裡，把歷來抉出的偽書，或認為著者有疑問的書摘錄下來，編成《四部正訛》。但明代學風務博而荒，工作沒有深入下去。

到了清代，顧炎武首起反對明代空疏學風，提倡讀書結合實際的切實學風，在清代學術界佔有開風氣的地位。在他之後的閻若璩，用了一生的精力，寫出《尚書古文疏證》，以讀書必尋源頭、判斷必憑證據的精神，證明晚出《古文尚書》及孔安國《傳》是東晉的作品，把2000餘年來所謂修身、齊家、治國、平天下的神聖不可侵犯的寶典，尤其是「人心惟危，道心惟微，惟精惟一，允執厥中」16個字的所謂「堯、舜、禹相授之心法」的封建社會的「教科書」，拉下了聖

壇，實堪稱「近三百年學術解放之第一功臣」（梁啟超《中國近三百年學術史》）。與閻若璩同時的姚際恒，比閻的範圍更大，態度也更徹底，他作了160卷的《九經通論》，辨出許多偽書和偽說，但觀點太超前了，為世所難容，從而失傳。他的《古今偽書考》，賴《知不足齋叢書》而傳下來。《古今偽書考》只是一冊筆記，本身的學術價值有限，但他敢於提出「古今偽書」一個名詞，是很有膽量的。其他著作，在《詩經原始》中可見方潤玉引他的《詩經通論》，在《尚書古文疏證》中可見閻若璩引他的《古文尚書通論》，在《續禮記集說》中可見杭世駿引他的《禮記通論》……所以他是辨偽書的集大成者。隨著清代漢學反宋學的高漲，學者們漸漸由整理古書到迷信漢儒，懷疑精神受到扼制。只有與外界無甚往來的崔述，能超出時代之外，以畢生精力寫出一部《考信錄》。他站在儒家立場上，以「考信於六藝」為標準，通過整理古代史實，揭露漢代所傳先秦典籍的謬妄。嘉慶以後，經今古文的問題重新提起，疑古的精神又得到復興。劉逢祿作《左氏春秋考證》，從書的內容到傳授系統證明《左傳》和《春秋》是兩部書，硬被人們湊在一起。龔自珍在他的文集中懷疑《左傳》《穀梁》《周禮》等。魏源作《詩古微》和《書古微》。廖平作《今古學考》和《古學考》。康有為以淩厲的才氣，作《新學偽經考》和《孔子改制考》，指出六經是孔子為改革當時社會而假古人的名義編定的，孔子以前的歷史已不可知，東漢以來的經書都是王莽改制時偽造的。

縱觀歷史上疑古事、辨偽書的工作，可以看到，它萌發於戰國、秦、漢而勃發於唐、宋、元、明，到了清代，已趨於成熟階段。它是一道割不斷的歷史長流，也是祖國珍貴文化遺產中不容隨意棄置的一

部分。早在20年代，當先生著手疑古辨偽工作的時候，他就十分清醒地意識到自己的歷史使命。他曾多次用圖解表示這一點：把孔子與六經這一中國文化的中心比作北京的皇宮，把戰國、西漢（今文經學）、東漢三國（古文經學）、宋人理學比作圍在皇宮外的幾層城牆，顧炎武打破了宋人（以及元、明兩代）的粉飾，大家看見了裡面的一道牆，於是許、鄭之學大行；乾隆以前的學者們摧破三國至唐代的粉飾，嘉慶以後的學者們又摧破東漢的粉飾，於是人們又看得深了一層；我們的責任是要把西漢和戰國諸子粉飾的兩道城牆摧破，這樣中國文化的中心就可以明白地知道。[6]所以他曾躊躇滿志道：「辨偽運動已經起了三次了。一、宋代——歐陽修、鄭樵、朱熹諸人，因後人變入心性空談而失敗。二、清代——顧炎武、閻若璩、胡渭諸人，因後人變入迷信漢學而失敗。三、現在——我們；不知將來如何失敗，也許這次可以成功了。」[7]

（二）順應經學轉化為史學的趨勢

疑辨工作深入開展的結果，必然打破經書的神秘性。

早在1923年，《新聞報》刊載社論「《墨辨》之辨」，記錄胡適與章炳麟各一書。太炎先生指責胡氏「未知說諸子之法與說經有異」，胡氏說自己「是淺學的人，實在不知說諸子之法與說經有何異點」。用現在的眼光看，經書不僅是儒家的經典，而且是最早的古書。古代以竹木成書，所謂「經」，即用絲線聯貫竹簡而成者。比如《春秋》

6　《筆記》卷三，第1170-1171頁。
7　《筆記》卷三，第1198頁。

二尺四寸，《孝經》一尺二寸，《論語》八寸之類。（據鄭玄《論語序》）而「傳」即「專」之假借，《說文》所謂「六寸簿」，是則「專」為一種簿書，在尺寸上比「經」短一些而已。如是來看作為封建道德思想最高教條的經書，的確無神秘可言。無怪乎當年胡氏辯解道：「我只曉得經與子同為古書，治之之法只有一途，即是用校勘學與訓詁學的方法以求本子的訂正與古義的考定。」「試問《讀書雜誌》與《經義述聞》，《群經平議》與《諸子平議》，在治學方法上有什麼不同？」

自從清代樸學（考據學）進行了實地的工作，考究一番，始知「垂教萬世的經書」乃是「一代典章的史書」。既是史書，則所做疏解、考證的功夫當然與史學無異。章學誠處在這種潮流之中，奮起裁斷，喊出「六經皆史」，看六經為學問的材料，不把學問當作六經的臣僕，拿從前對於經學的界說根本撤銷。經書的神秘性既破，經學轉變為史學就成了必然趨勢。可以說，指明這一趨勢的是章學誠，而促成其轉變的則是乾嘉考據學。

顧炎武曾痛陳封建帝王塗塞人們耳目之弊，致使人人讀經而經義初不能明。謂昔漢之五經博士各以家法教授，《易》有施、孟、梁丘、京氏，《尚書》有歐陽、大小夏侯，《詩》有齊、魯、韓、毛，《禮》有大、小戴，《春秋》有嚴、顏，不專於一家之學。晉、宋以下，乃有博學之士會粹貫通。到唐代，立九經於學官，孔穎達、賈公彥為之作《正義》，排斥眾說以申一家之論，而通經之路狹矣。明洪武時的《科舉條格》，猶不限於一家。至永樂中纂輯《大全》，欲道術之歸於一，使博士弟子無不以《大全》為業，而通經之路愈狹。

（見《與友人論易書》）清儒打破這個侷限，以所有古書證經書，因而經義與古史皆明白不少。他積一生心血所著《日知錄》，「凡經義史學、官方吏治、財富典禮、輿地藝文之屬，一一疏通其源流，考正其謬誤」（見潘耒序）。他的《音學五書》，提供給後來的學者以重要方法：其一，為各種材料分析時代先後而辨其流變；其二，每下一說必博求佐證，以資共信。這個辨流變與求佐證的方法，成為「考證學派的兩大法門」。[8]

　　清人郭嵩燾在《讀書志序》中把考據一項分為三途：曰訓詁，研審文字、辨析毫芒；曰考證，循求典冊、窮極流別；曰讎校，搜羅古籍、參差離合。大致不差。顧炎武及清初大學者黃宗羲、王夫之等人，大氣磅礴，未嘗專做考據；專做考據，則由閻若璩發端。從戴震起，對於曆算、輿地、音聲、制度，無不窮究精研，到他的二傳弟子段玉裁、王念孫時，達到了清代考據學高峰。段氏答黃紹武書謂：「洞徹天人性命，愚不如先師東原氏。《考工記》、《喪服經》制度條例考核精當，上駕康成，愚不如易田徵君。熟精史事，識小無遺，愚不如辛楣少詹。潛心《三禮》，愚不如端臨學博。乇而虛懷，好學不倦，愚不如紹弓學士、涵齋侍講。深曉音韻十七部，紬繹成書，愚不如懷祖觀察。文辭古雅，愚不如姬傳刑部。惟于古音、古訓、經文古本略有微勞，抑末也。」（《經韻樓集》卷十二）所舉戴震、程瑤田、錢大昕、劉台拱、盧文弨、王念孫、姚鼐等，皆為乾嘉之學的名家。他們的優點是不受傳統的束縛，敢於觸犯當時離經叛道、非聖無法的禁條，所用的方法也接近於科學的方法。缺點是由於時代的限制，還

8　　錢穆：《中國近三百年學術史》，第134—135頁。

不能完全擺脫聖道的觀念，所用的方法也有主觀武斷的地方。但無論如何，不經過如此艱苦工作階段，就不能化神秘為平實。從這一點上說，乾嘉學派正是使經學化為史學的先驅者。

章學誠著《文史通義》，開宗明義即說：「《六經》皆史也。古人不著書，古人未嘗離事而言理，《六經》皆先王之政典。」（《易教上》）並認為其「非聖人有意作為文字以傳後世」（《經解上》）。他既揭明「六經」實質，由此斷言「經之流變必入于史」（《與汪龍莊書》）。他提出「史學」來和當時以戴震為代表的清代經學相對抗，旨在挽救經學家以訓詁考核求道的流弊。他主張作為三代聖王綱維天下所遺留下來的正式檔案記錄，六經本身既不是「道」，又不「載道」，「六經皆器也」（《原道中》），「道」寓於人事流變（即「史」）中，用訓詁考證治經學不足以明道。如果說章氏提倡「六經皆史」，其旨趣在於求道，那麼100多年後的古史辨派的旨趣，則只在從六經以及其他古書中分析古史傳說流變的真面目，因此，「六經皆史」就發展成「把一切文字書籍都看作史料」了。

1951年，先生站在歷史的高度對經學的發展趨勢作了總結：

竊意董仲舒時代之治經，為開創經學，我輩生於今日，其任務則為結束經學。故至我輩之後，經學自變而為史學。惟如何必使經學消滅，如何必使經學之材料轉變為史學之材料，則其中必有一段工作，在此工作中我輩之責任實重。所謂立一骨幹者，蓋孔子以六藝教授，欲以周公之道行之後世，是為正；墨子反周法夏，掊擊儒家，是為反；孟子一方面接受孔之親親，一方面又接受墨之尊賢，是為合。合

又為正，而荀子主以禮法易王道，是為反。及今文家起，一方面發揚孟之王道，一方面又擴展荀之禮法，造成漢代外儒內法之制度，是為合。合又為正，而古文家反之，欲以古史料壓倒純任主觀之經說。今古文爭二百年而馬、鄭起，溝通今古，號為通學，是為合。合又為正，然信讖緯，又溝通多不合於理，故王肅反之。鄭、王之學爭四百年，而唐人作《正義》合之。《正義》為正，而兩宋諸儒反之。清代學者表面上尊漢排宋，而實際固惟善是從，則又合之。然清之經學漸走向科學化的途徑，脫離家派之糾纏，則經學遂成古史學，而經學之結束期至矣。特彼輩之轉經學為史學是下意識的，我輩則以意識之力為之，更明朗化耳。[9]

他始終認為：戰國、秦、漢之世化古史料為經典，今日使命則復化經典為古史料。清代學者的目的，是要使古書可讀，今日的目的，是要使古書成為史家腕下的材料，因而自己所擔當的任務則是結束經學而開創古史學。他說：「此非吾人之故意立異，乃自宋至清八百年中積微成著之一洪流，加以西洋科學之助力，遂成一必然之趨勢也。」[10]

（三）時代的厚愛

乾嘉時代的學者任大椿，22歲即治《三禮》之學，「其于虞、夏、商、週四代郊丘、禘祫、宗廟之制，《周禮》井田賦稅之法，《遂人》、《匠人》五溝、五塗之異同，《禹貢》五服、《大司馬》九畿之

9　《筆記》卷五，第2788頁。
10　《筆記》卷九，第6616頁。

遠近，以及《儀禮》之《喪服》經、傳，靡不留心研核。于近日昆山徐氏所刻宋、元諸家經解，皆掇其說之誤者辨之」（王鳴盛《贈任幼植序》）。他由疑孔、賈兩《疏》，進而疑鄭《注》，又進而疑《儀禮》及《傳》為王莽、劉歆所附會，可見其鑽研之勇與魄力之大，實有開一代風氣之才。然而戴震卻斥之為「思而不學」、「賊經害道」（詳《戴東原集》卷九「與任孝廉幼植書」），施以學術權威的壓力，遂使這一具有疑古能力的人不敢再走此道，而少年時代的寫作亦隨之湮沒無傳。為此先生曾感慨萬分道：「以是知辨偽思想，無代蔑有，特為不適宜之時代環境所壓折，乃若有時有、有時無耳。予若不處五四運動時代，絕不敢辨古史；即敢辨矣，亦決無人信，生不出影響也。適宜之環境，與少年之勇氣，如此其可寶貴也。」[11]那麼，這位在20世紀20年代初，把三皇五帝由幾千年來信仰的對象變為研究的對象，主張推翻三皇五帝及禹的歷史地位、回復其神話地位，並隨即掀起了古史大論戰，不但在中國史學界發生了革命性的震盪，且對中國現代學術的各方面引起強烈反響的人物——顧頡剛——究竟處在什麼樣的時代環境之中呢？換句話說，顧先生從時代環境中得到了什麼？簡言之，可以用三句話做一綜括：一、傳統學術的發展經歷了漢代、宋代、清代三個階段之後，已具備了綜合批判的條件。二、西方科學思想的傳入，使中國學者對於治學方法有了根本的覺悟。三、現代考古學在中國的出現，使人們認識古代文化真相有了更充分的事實根據。

晚清學者姚永概與吳汝綸談國朝諸家所治之業，認為清代號稱漢學，實際源於宋人，不過就其遺緒發皇張大而已。「如疑《古文尚

11　《筆記》卷九，第6616頁。

書》，能不曰始於朱子乎！《說文》之學，能不曰始於大徐、小徐乎！考古音之學，能不曰始於吳才老乎！校勘之學，能不曰始於朱子《韓文考異》乎！金石之學，能不曰始於歐陽永叔、趙明誠乎！禮圖之學，能不曰始於聶崇義及楊複乎！搜采古逸之學，能不曰始於王應麟《鄭氏周易》、《鄭氏尚書注》、《三家詩考》乎！考證史事之學，能不曰始於司馬公之《通鑑考異》、三劉之《兩漢刊誤》、吳仁傑之《刊誤補遺》乎！」（《慎宜軒筆記》卷十）姚氏以尖銳的眼光，抉出清代學術根源，足以摒祛漢學家之成見。學術發展自有其一定的基礎，沒有漢學基礎就不能有宋學，沒有宋學基礎也就不能有清學。清代漢學實際上是宋代朱學的演進。清學不及宋學處，在尊信漢儒，不敢憑良心說話；而宋學不及清學處，清代學問分門去做，為樸學者，不以不能義理、詞章為恥，宋人喜歡兼有之。可見宋學對於漢學的重要變化，是把信仰的對象變為研究的對象；清學對於宋學的變化則在於把粗疏的研究變為細緻的研究。縱觀古代學術，漢人之功在於保存古籍，宋人之功在於用理智觀察，清人之功則在於以實證求是。這是學術發展所必經的三個階段。只有經過這三個階段，然後可以作綜合的批判。這並不全是今人的智力勝過前人，實在是2000年來智慧積累所成。先生在20多歲時已經懂得這個道理，所以他說：「古今學術思想的進化，只是一整然的活動，新的呈現，定為舊的汲引而出，斷不會憑空而至。」[12]

　　清代道、咸間，外侮日近，《公羊》學思想最能啟發人們改制圖新的要求，因此清初「經世致用」的思想重被喚起，有人致力於反對

12　《中國近來學術思想界的變遷觀》，《中國哲學》第11輯，人民出版社，1984。

乾嘉以來漢學家所尊奉的東漢古文學，標榜「通經致用」的西漢今文學，形成了清代晚期的今文學派。它的宗旨是據經書以論變法，提出孔子托古改制的問題做自己托古改制的證據。清末的古文家卻依然按照舊日的途徑去作學問。於是這兩派必然發生激烈衝突，各自盡力揭破對方的弱點，使得觀戰的人們能夠清楚地看到雙方的本質：漢代的今文經學由孔子學派所傳衍，經過長期的蛻化而失掉其真面目；古文經學異軍突起，得到一點古代材料，用自己的意思整理改造而成，目的在於以此為工具和今文學家唱對臺戲。所以古文派攻擊今文派有道理，在於今文派確有說謊的；今文派攻擊古文派也有道理，在於古文派有造偽經的事。當初劉歆的目標，要把經典重新整理一次，實際上經他手整理的古書，確比今文勝一籌。如《左傳》勝過《公羊》，《毛詩》勝過三家詩，《爾雅》更是有系統的文字學書，為前所未有，《周官》則規模闊大，非有大魄力不能辦到。當時今文家中沒有大思想家，由於古文家勝於今文家，使得學術界能夠改變其目光與方法，因而取得領導地位。自東漢以下，今文日衰，古文日盛，這正是按照優勝劣敗的規律發展的。但古文家的作偽，則是不可掩蓋的事實。再者，漢代的今古文家，都是身入局內者，清代的今古文家，都是由上觀漢代今古文家而來，他們不能完全遵守旁觀的規則，欲與局中人合夥，這是他們的誤處。現在的人們站在客觀的立場，只是披露其真相而已，不必有出主入奴之見。這種態度，康有為們是不會有的。然而廖平之學由分析《五經異義》而來，康有為之學由比較《史記》、《漢書》而來，他們所用的方法都是近代的方法。尤其康有為的《新學偽經考》和《孔子改制考》，其論辯的基礎完全建立在歷史的證據上，是超過以前辨偽學家之處。康氏的辨偽，一般人都以為是他的政治作

用，不知道這是康氏的歷史使命，因為據今文以斥偽古文，本是一個歷史問題。

後來被表彰出來的清代中葉學者崔述，更超越兩漢學術之爭，分析《經》、《傳》異同，推倒秦、漢以來傳記中靠不住的事實。

清末東漢訓詁學的信徒葉德輝曾很痛心地說：「有漢學之攘宋，必有西漢之攘東漢，吾恐異日必更有以戰國諸子之學攘西漢矣！」（《翼教叢編》卷七）他從清代漢學發展中，看到用前代學術壓制後代學術的學術鬥爭方式，即先用東漢古文學否定宋學，接著是用西漢今文學否定東漢古文學，照此規律再向前走，勢必有人用先秦的學術否定西漢今文學。他站在反對今文學的立場上無意中道出了漢學發展的趨勢。後來先生在鳥瞰近三百年學術時說：

近三百年之學術工作似乎可以分為四個階段：第一階段為辨朱、陸異同；第二階段為辨漢、宋異同；第三階段為辨今、古文異同；第四階段為辨經、傳異同。蓋中國學術之創造，自周、孔起，至陸、王止。中間雖有整理，如漢之許、鄭，唐之孔、賈，宋之朱、王，但因討論未廣，方法未精，故整理不甚圓滿，或因不適當之整理而愈亂。至近三百年，則方法入於客觀，討論日趨精密，經分析、比較之工作，將千餘年中紛亂如絲之學術理出了頭緒。凡從前因成見、宗派、缺乏歷史觀念而看不清楚之真相，經此細密整理功夫，撥除塵障，刊落葛藤，真相遂日顯。「登高必自卑，行遠必自邇」，故先自近的整理起，宋代問題弄明白即進而弄明白漢代問題，再進而弄明白春秋、戰國間的問題。將來文化建設，繼續鑽研，一部中國學術史乃可寫清

楚也。[13]

　　在這裡，他用「似乎」來劃分四個階段，大概是因為首先辨《經》、《傳》異同的崔述起於清代今古文之爭前，從時間上似與這一學術發展趨勢不符。然而崔氏是排除在任何家派之外的一個人，以前人對古史問題，愚者信而不疑，智者存而不論，起而做大規模反抗的，崔氏稱得上是第一人。但由於受時代侷限，他不能擺脫聖道觀念，過分尊信經書。所以，打破經學樊籬，揭示中國文化中心的真相，不能不說是學術發展的必然趨勢，是經學的歸宿，是新時期的歷史的使命。

　　五四新文化運動的一種重要趨向，就是堅決要求用科學的方法，把中國的文化遺產重新估價。從這個意義上說，五四新文化運動，也是思想啟蒙運動，它對於中國現代學術研究最深刻的影響，在於提倡以近代的理性觀念為思想和理論基礎的學術研究的自覺意識。康得認定啟蒙的精神是：「人必須隨時都有公開運用理性的自由。」由此余英時先生解釋說：「『五四』的原始精神正是如此，即不受一切權威的拘束，事事都要問一聲『為什麼？』。」[14]先生在北大讀預科和本科的7年中，正是北大的改革時期，這裡既是各種新思潮的淵藪，又是改革與保守兩種思想針鋒相對的場所。他受到了思想解放的自由空氣的洗禮，使自己的理性充分發展。

　　實際上，在中國傳統的學術中，已經包孕了理性觀念的萌芽。

13　《筆記》卷五，第2843頁。
14　余英時：《中國思想傳統的現代詮釋》，江蘇人民出版社，1989，第58頁。

從前面敘述辨偽工作的經歷看，五經原是中國最古的典籍，從戰國到漢代的經師，目的不在整理，而是以孔子作招牌，用古書為當時社會所需要的道德和制度服務，於是說它們都是孔子所刪（《詩》、《書》）、所作（《春秋》）、所口傳（《公》、《穀》）。後來的人們逐漸發展了自己的理性，把信仰與研究分開，努力駕馭材料，把古書上的各種偽裝慢慢揭去，古書的真相遂愈來愈明。再從學術發展看，漢代和宋代學者都希望「致用」，必得把學問歸結到政治的應用，清代學者則除了晚期的今文經學家之外，卻只在希望「識古」，敢於脫離應用的束縛，這既是清朝政府的政治壓力所致，又是理性觀念逐漸發生的結果。他們肯就實物考察，作精密的說明，遇見古書上講天文的話，就去考察天文，並研習算學；知道必須懂得古代語言文字才能明白古人的意思，就竭力鑽研音韻學、文字學。古書中講聲律的話、講生物的話、講倫理的話、講社會制度的話、講地理沿革的話，都逐一尋根溯源，證之實境。雖然多是就零碎事物去立證，不能盡用科學的方法駕馭事物，但明確的證據供給多了，後人自然容易聯絡成完整的體系。他們遵守「求是主義」，並不要用，而且懂得他們所學的不是學的本體，而是學的途徑，離實用還很遠，所以看那些誇言經世的是個「無本之學」。他們留給後人的深刻啟迪是由學致用，不要輕率去用。後來西方的科學知識灌輸進來，就是頑固的人也要說聲「西學為用」，這正是清代樸學的功效。另外，晚清今文學的教訓也證明瞭「求真」與「致用」必須嚴格區別。康有為據今文學以斥偽古文學，本是一個歷史問題，但他必欲以翼聖保教為名，則變成了政治問題與宗教問題，求是與致用不能分開，結果是兩敗俱傷。由此可見，中國原有學問中所孕育的求真精神，過去的人們對它的追求處於一種自在

的水準，只有到了五四新文化運動時，人們對它的追求才有可能達到自為的水準。

　　理性觀念對中國現代學術研究影響的另一個重要方面，就是擺脫家派的束縛。這也是求真精神的一種表現和必然結果。由鴉片戰爭到五四運動前的100多年中，政治上2000多年的封建統治垮臺，學術上傳統的經學步履維艱，使得人們頭腦中沒有了崇拜的偶像，可以任憑自己的理性，作自由的思考、公平的裁斷。而超越家派壁壘的客觀基礎，就是在百餘年的東西文化交流中，出現了許多新領域、新學科；認識事物有了種種新方法、新觀點。先生曾在《古史辨第一冊自序》中用《詩經》學為例說明這個道理：過去各種學問不發達，研究上又苦於沒有好方法，不選擇家派似乎就沒有出路。「要非薄《詩》毛氏學，便當從齊、魯、韓三家或其中的一家鑽研下去；等到自己的學問足以自樹了，再脫離家派而獨立。但是到了現在，學問潮流已經很明白地詔示我們，應該跳出這個圈子了。我們自有古文字學、古文法學、古器物學、古歷史學等等直接去整理《詩經》，《毛傳》固要不得，就是《三家詩》也是《毛傳》的『一丘之貉』，又何嘗要得！」這就是說，既有了科學的方法，學術可以直接取材於事物，人們才能夠站在超家派的立場上，對研究對象作分類、比較、試驗，更敢於作歸納、立假設，搜集證據從而建立新的主張，家學的屏障自然趨於瓦解。

　　其實，只有經過前人對傳統的不斷反思和批判，後來的人們才有可能較順利地接受西方的新方法、新觀點。

章學誠說「古人有未見之事理」（《與孫淵如觀察論學十規》），所以今人可以批評古人的差謬。又要「擴四部而通之，更為部次條別，申明家學，使求其書者可即類以明學，由流而溯源」（《藉書園書目序》），從精神上求得四部的融合，不要彼是此非。他看出批評和分類對於學問的重要，主張分別條貫去考察事物的異同，所以要做目錄學；探究源流去尋求事物的來因，所以要做史學。他主張道出事物，求道者不該捨當身事物人倫日用，專尋之訓詁考訂，又主張求理於事物，而事物之變多出六經之外，不得執六經而以為理之歸宿。因此認為書籍和考證的功夫都不是學問，真正的學問要從事物上去認識，再用心思作出裁斷。這使得讀書人眼界放開，不至坐守成說；有博觀約取的方法，不至茫然無歸。「這功勞實在不小，中國所以能容受科學的緣故，他的學說很有贊助的力量。中國學問能夠整理一通成為『國故』，也是導源於此。」[15]

　　清末今文經學宣揚《公羊》「張三世」之說，康有為把西方的進化論和社會政治學說吸收在裡面，將其改造為歷史進化論，震撼了中國人的心靈。嚴復則積極把西方的進化論作為一種新的世界觀介紹給人們，使中國民心為之一變。總之，到19世紀與20世紀之交時，西方的進化論思想隨著中國的資產階級革命─戊戌變法和辛亥革命─開始在中國傳播。五四新文化運動中，它成為破除偶像迷信的武器之一。章士釗在北大20周年紀念會的演說詞中論新與舊的調和，說後一社會都是由前代的社會嬗蛻而來，由古及今乃一整然的活動。胡適的《周秦諸子進化論》說明孔子把歷史當成一條由簡而繁不斷的進化歷

15　見《中國近來學術思想界的變遷觀》。

程。[16]這種進化論的觀點旨在說明歷史的發展是一個新陳代謝的過程；事物的演變都有它的來蹤去跡可尋，不會憑空產生。有人認為，從某種意義上講，新文化運動的宣導者和洋務派、維新派、革命派都在不同程度上是進化論者，但洋務派的進化觀主要停留在物質文化的範圍內；維新派和革命派在物質文化和制度文化的領域內都是進化論者；只有五四新文化運動，才把進化發展的觀念明確引進了中國文化的全部領域，引進了精神文化、倫理道德的領域。[17]這是很有見地的。余英時先生把康氏的「上古茫昧無稽」的斷語作為「層累造成的中國古史」說的一個起點，[18]可以說，這是用進化論的觀念對中國文化進行審視的一個具體體現。

　　總之，啟蒙文化中的理性主義精神及其與之相關的近代科學觀念和方法，之所以成為刺激中國現代學術在舊學的廢墟上成長壯大的核心因素，其關鍵就在於傳統學術已發生內在變化。正如先生在1919年就看到的，所謂「科學」、「國故」、「政治」、「宗教」四樣，在30年內，新有的東西固然是對於外國來的文化比較吸引而後成的，但是從中國原有學問即「樸學」、「史學」、「經學」、「今文派」的發展趨勢看來，「也是向這方面走去，所以容易感受新來的文化。假使中國從前的學問不是如此，則歐化進來以後，精神上的迎拒、事實上的表見，絕不與今日相同是可決的」。[19]

16　見《中國近來學術思想界的變遷觀》後記所引顧頡剛日記。
17　王富仁：《對全部中國文化的現代化追求》，載《五四運動與中國文化建設》，社會科學文獻出版社，1989，第269頁。
18　余英時：《中國思想傳統的現代詮釋》，第359頁。
19　見《中國近來學術思想界的變遷觀》。

1921年先生在給友人王伯祥的信中說：「我自知於哲學文學都是不近情的，我也不想做社會改造運動家，我只願一生讀書，做一個科學的史學者。」[20]這種以科學方法指導史學研究的願望，實際上是一種方法論的自覺意識，也正是先生從五四新文化運動中所承受的時代精神。

　　說到這裡，不能不提到先生的《古史辨》第一冊自序。它寫在先生提出「層累造成的古史說」之後3年。這篇長達100多頁、6萬多字的自傳性的序言，從時勢、個性、境遇三方面暢言了自己的主張的由來，在當時的學術界引起了不小的轟動。據胡厚宣回憶，自從1926年樸社出版《古史辨》第一冊以來，暢銷不衰，到1937年，共印了19版。[21]1931年，荷蘭萊頓的布利爾出版公司出版了美國學者恒慕義（A.W.Hummel）的英文譯本（加注釋），恒氏由此獲得博士學位。1940年日本創元社出版了平岡武夫的日文譯本，並於1953年和1987年兩次再版。30年代出版的《中國新文學大系》，其中由周作人先生編集的《散文一集》也全文收入了這篇自序。後來香港和臺灣不斷有翻印和再版，最近的一次收入是1989年臺灣遠流出版公司出版的《勵志館叢書》，改題為《走在歷史的路上》。這篇長序論述條理，行文流暢，氣勢恢宏，是一篇不像序文的序文，有一種特殊的魅力，讀起來使人發生無窮的興味。不僅在當時，直到70年後，仍然啟發許多青年學子對學術研究的興趣，有人甚至因它的感染走上歷史研究的道路；更深遠的意義還在於，當時先生雖未出國留學，但他「一方面接

20　《古史辨》第1冊（以下簡稱《古一》），上海古籍出版社影印，1982，第36頁。
21　見《顧頡剛年譜》（以下簡稱《年譜》），中國社會科學出版社，1993，第127頁注。

受了本國學術界的最好遺教，他方面又學會了西洋的種種方法，所以能用最嚴格的科學精神來主持這次論辯」，[22]自序雖然說的是一個人30年中的歷史，「卻又是中國近三十年中思潮變遷的最好記載」。[23]在現代中國的大學問家中，很少有人生當30多歲的年齡，就把自己自覺探求治學方法的心路歷程作如此痛快淋漓的表白。在這裡，他對傳統學術的批判和繼承、他對新方法的覺悟和應用，以至於他的缺憾和脆弱、他的時代侷限，都一覽無遺地顯露在人們面前。因而這篇長序不僅是認識顧頡剛學術價值的一把鑰匙，而且成為研究五四時期中國思想學術發展的第一手材料。

基於尋找一種新的認識世界的基本原理的精神，國際範圍內的近代考古學在19世紀中葉應運而生。中國的近代考古學產生於本世紀20年代。這時發現了仰紹文化。新石器時代遺物的發現，使人們對於周代以前的文化面貌得到全新的感知。這一時期又是甲骨學的開創和奠基時期，羅振玉和王國維的甲骨文著錄及其考釋，代表了殷墟科學發掘前甲骨文研究的最高水準，為恢復和研究商代社會面貌揭示出珍貴的史料。除甲骨文外，當時不斷有重大的實物史料被發現，例如北邙明器、敦煌佚籍、新疆木簡等，都向人們提供了一種全新的資訊。從器物的銘文裡漏出古代的事蹟，從器物的圖畫裡漏出古人的想像，使人們有可能用這些實物與文獻中所記黃帝以來燦然大備的文化進行比較，從而達到深入探究古代真相的新境界。

總之，我們應當把顧頡剛的學術思想和學術活動，融入歷史發展

22　恒慕義語，《古史辨》第2冊（以下簡稱《古二》），第447頁。
23　《古二》，第335頁。

和學術發展的背景之中，去評說它們的功過得失，庶幾避免以偏概全、家派門戶之嫌，得到更切實的結論。讓我們用顧先生在《古史辨第三冊自序》中的一段話來結束這篇引論：

我們所處的時代太好，它給予我們以自由批評的勇氣，許我們比宋代學者作進一步的探索，解除了道統的束縛；也許我們比清代學者作進一步的探索，解除了學派的束縛。它又給予我們許多嶄新的材料，使我們不僅看到書本，還有很多書本以外的東西，可以作種種比較的研究，可以開出想不到的新天地。我們不敢辜負這時代，所以起來提出這些問題，激勵將來的工作。

第一章

卓犖的早年

1.1　吳中求學

1893年5月8日，顧頡剛先生誕生於江蘇省蘇州市。

據《重修唯亭顧氏家譜》記載，先生之先祖原是江蘇唯亭鎮的耕讀人家，當明代萬曆年間始遷蘇州，在此定居下來。

蘇州古稱吳縣，因為春秋時代吳國曾建都於此。早在2000多年前，蘇州已是南方的文化中心，在歷史上足與長安、洛陽、北京等古都並駕齊驅，互爭光彩，迄今仍承繼不絕，經濟富庶，人文薈萃。

這座被譽為「東方威尼斯」的長方形水城，周長18公里，水道與街道並列，家家戶戶前門臨街、後門傍水，自唐宋以來一直維持著這種格局。一條條供運輸和洗濯的小河潺潺流淌，一條條碎石或石板鋪成的街道靜靜伸展，在這種動與靜相交融的氣氛中，整座城市的情調顯得既活潑又從容，永遠不會陷入死寂或喧囂之中。尤其是在夜晚，月光籠罩下的水流那樣玲瓏剔透，清明圓潤，如果蘇州真可與天堂媲美，那麼這些穿門繞戶的小河則可謂通向天堂之路。

蘇州所有清雅明慧的特色，都是從這江南水鄉的背景中孕育出來的。不必說世界馳名的蘇州園林，如何將詩情畫意與園林建築融為一體；也不必說唐伯虎、文征明的畫，以及刺繡、絲織、昆曲、雕塑、飲食如何譽滿天下；僅看有清一代蘇州的狀元多至18人，便可知這裡的文化環境何等的優厚。明代的書籍十之七八刻於蘇州，最有名的是毛晉所刻的十三經、十七史，還有馮夢龍編的小說，金聖歎批的小說等，這裡成了全國出版業的中心。清代的藏書家以蘇州為最多，造成

了版本學的風氣，同時古器物的收藏也頗盛行，奠定了古器物學的基礎。由於顧亭林的提倡，蘇州的惠家世代傳經，門生極多，到惠棟之時已經形成在清代學術史上占重要地位的吳派經學，他們廣泛搜集漢儒經學，加以編輯考訂，以詳博見長，與當時以戴震為首而以精深見長的皖派經學成為清代樸學即考據學的兩大重鎮。

蘇州的民性淳厚，並富有正義感。元末張士誠舉兵抗元，自稱吳王，建都於蘇州，對百姓極有恩惠。雖然後來他被明太祖所滅，但蘇州百姓仍是懷念不已，每逢他生日之夜，家家燒香頂禮。至今已600多年，此種風俗竟延續下來。又如太平天國忠王李秀成，治理蘇州甚得民心，他就義後蘇州百姓為之罷市志哀。可見此地人民沒有成王敗寇的勢利之見。又如明代奸臣魏忠賢遣人到蘇州逮捕東林黨人周順昌時，曾激起傾城民眾劇烈的反抗，為首5人以後被殺害。至今仍矗立於虎丘山旁的「五人墓」，反映出此地人民的正義感和反抗力量。

以上這一切，對於我們這本書的主人公都會發生潛移默化的影響。

先生的先祖中有一位鋒芒畢露的傑出人物松交公，當順治皇帝初次舉行會試時他考中舉人，歷任浙江山陰知縣、山西靈壽知縣、吏部考功司員外郎諸職，由平民步入仕宦之途。他與幾個兒子刻印書文、建造花園，家中充溢著文風豪氣，乃至康熙皇帝下江南時，風聞及此，遂譽為「江南第一讀書人家」，可謂盛極一時。但到了乾隆末年，松交公的曾孫列圃公在甘肅洮州同知任上行將告老還鄉之際，突遭布政使王亶望監賑案的牽連，禍從天降，竟被充軍黑龍江，遂客死

他鄉。家中被抄，其遺眷遷居寶樹園，即懸橋巷顧家花園，此為松交公之弟大來公的遺產。經此家破人亡的慘禍之後，先生的直系祖先便中斷了仕宦之途，家道中衰，由富宦之家又降為平民，世代居住於懸橋巷裡。

先生的嗣祖父佽之公及本生祖父廉軍公兄弟二人均是秀才，為重整家業，佽之公開藥店，廉軍公做幕僚，經過他們的慘澹經營，家境漸至小康。廉軍公生二子，長子子虯公是先生的父親，而佽之公無嗣，子虯公就嗣了過去。子虯公是秀才，又考取優貢，因佽之公不幸早逝，他便以教書維持家用。以後清政府重興京師大學堂（即現今北京大學前身），子虯公素有才名乃被江蘇省考送，學於師範館，然而因家用乏絕不得不輟學，為此他極其遺憾，發願道：「我雖不能在大學堂畢業，但一定要我兒子在這裡畢業！」後來子虯公經殿試做了安徽候補知縣，不久因辛亥革命打斷了仕宦之途，又任杭州仁和場鹽運署科長，直至1936年方告老退休；這樣有了較穩定的經濟來源，先生的求學生涯才得到起碼的保證。

先生出生在這樣一個書香門第中，長輩們酷望他從讀書中求上進是很自然的事。在他最初的人生道路上，發生最密切關係者是他的嗣祖母（以下簡稱祖母）。祖母的先世在搬來蘇州之前，原是徽州的商人，或許是見過世面之故，她極能幹而有決斷。佽之公在世時，她協助重整家業；佽之公辭世後，她含辛茹苦，艱難維持。先生出世後，祖母把全部精神寄託於他，她常說：「兒子是嗣來的，嗣的時候他已長成了，我不能管。孫子是在我這裡生的，我可以自小管起。這是俗語所謂『假子真孫』。」先生幼年體弱多病，幾次瀕臨死亡，幸得祖

母求醫護理而得愈。先生9歲時母親病逝，全賴祖母撫育成人。她盼望先生跟上祖宗的腳步，由讀書求科名，因此對他的學業要求極嚴。小孩總是貪玩的，先生有一次想藉口天下大雨而不去上學時，她毫不猶豫指著天堅決地說：「就是落鐵，也得去！」這斬釘截鐵的幾個字，令先生一世也忘不掉，即使以後到社會上工作，逢到大雨，家人勸他緩行時，他也是以這句話來回答的，可見受祖母影響之深。祖母又極注意先生的品行，不許他買零食、喝酒、講究穿著，使他養成生活淡泊的習性；每晚睡覺前，她總要先生檢查一天的行為，如果做錯了事，便叫他寫在紙條上貼到床帳頂，次日早晨睜開眼睛第一件事就是叫先生把那張紙條讀幾遍，以示悔過。這就逼得先生對自己的行為負起責來，養成了他強烈的責任心。現在看來，祖母的嚴厲也許有些不近人情，但這嚴厲是由慈愛的根源上發生的，使先生時時感受到她的愛心。當晚上先生認真溫習功課之後，她會用故事作為獎勵，像「目蓮救母」、「老虎外婆」之類的民間神話傳說，經她以婉轉清脆的嗓音娓娓道來，啟發了先生的善心和想像力。子虯公在外地任職，每月只給祖母30元錢以維持蘇州家裡全部開銷。祖母一切節省，然而對先生買書卻極慷慨。先生從11歲開始自己購書，購書款是平日積攢的長輩所給的零用錢，有時想買一部10餘元的叢書，僅憑零用錢就絕不夠用了，只好求援於祖母，她總會想方設法從千省萬省之中省出這筆錢來滿足先生。祖母惜物成性，從不肯輕棄一頁紙張、一個瓶子，她的房間裡盡是些舊材料，過幾個月整理一次，先生受她的潛移默化，也養成了搜集、保存材料的習性，對以後的學問工作極有益。先生自蘇州中學畢業，祖母很放心他到千里之外的北京上大學，當時一般親友都責備她道：「家中只有這一個孩子，為何放他走得這樣遠？蘇

州、上海的大學哪一個不可以進？」但她堅定地回答：「男孩子是該讓他出遠門的。」這是多麼難能可貴的遠見卓識！先生長大後，常常對人提起他的祖母，將她比作自己的恩師和慈母，甚而說道：「我之所以為我，是我的祖母手自塑鑄的一具藝術品。」這發自肺腑之言的確是恰如其分的。

先生自提抱之中，祖父廉軍公就教他識字。以後母親教他《三字經》、《千字文》，叔父教他《詩品》、《天文歌訣》、《地球韻言》。五六歲時入私塾，始讀《四書》，這時雖然吃飯還需女傭餵，卻已能自讀一些唱本小說和簡明的古書。8歲讀畢《四書》，接著又讀《五經》。父親叫他先讀《左傳》，因其文理在《五經》中最易解，他讀著很感興趣，仿佛將自己置身於春秋時的社會中去了。但祖父認為經書要從難的讀起，《詩經》和《禮記》中生字最多，長大了再讀就記不清了。因此9歲時改從一位師法很嚴厲的老師讀《詩經》，常因不懂其意義而背不出來，不知被老師用戒尺打了多少次。好不容易把《詩經》讀完，依他自己的請求讀《左傳》，讀畢又接讀《禮記》，到13歲那年科舉廢除了，《禮記》唯讀了半部。《五經》中其餘的《尚書》、《周易》和半部《禮記》，是在上中學時每晚在家由祖父教讀的。

先生這一段按照科舉考試的要求而「束髮受經」的經歷，從坐在連台交椅中認字開始，直至十一二歲，一味讀書沒有遊戲的生活，幾乎把幼年時的性靈烘烤乾枯了，所幸祖父和祖母十分會講故事。祖父愛講歷史故事，當先生碰到白天的功課容易記誦之時，晚上便有時間坐在祖父身邊聽他細細講述；尤其是隨祖父上街或掃墓更是開心，祖

父必把所見的匾額、牌樓、橋樑的歷史講給他聽，比如過山塘時講唐伯虎，過越來橋時講勾踐滅吳，過運河時講乾隆皇帝下江南，漸漸使他的意識中發生了歷史的意味，知道「凡是眼前所見的東西都是慢慢兒地積起來的，不是在古代已盡有，也不是到了現在剛有」，[1]這是使先生終生受用的。

先生是一個生性倔強、桀驁不馴的人，雖是受了很嚴厲的家庭教育和私塾教育的壓抑，使他的外貌變得非常柔和卑下，但終不能摧折他內心的分毫。所以他的行事專喜自作主張，不肯隨便聽信他人的話，受他人的管束。他幼年讀《四書》時，在經文和注文上就作過許多批抹，儘管不免極度的武斷，但一個六七歲的孩子讀書時能不盲從前人之說，這種獨立思考的個性幾乎可說是與生俱來的。當十一二歲時讀《綱鑑易知錄》，自立義法加上許多圈點和批評，他十分厭惡此書的勢利，例如張良和荊軻同樣是謀刺秦始皇，同樣是沒有成功，但書中稱張良為「韓人張良」，卻稱荊軻為「盜」，推想其原因，只因荊軻的主人燕太子丹是被斬首的，而張良的主人劉邦是做成皇帝的。對於這種不公平的記載，他非常痛恨，要用自己的意見把它改了。

先生又是一個歷史興味極濃重的人，歡喜把一件事情考證得明明白白，看出它的來蹤和去跡。這自然是得益於祖父講故事。8歲讀《論語》時，《孟子》已買在手邊，他從《論語》中雖已得知許多古人的名字，但是零碎而不易連接的，便根據《孟子》中敘述道統的話中分出了他們的先後，高興之餘，又結合祖父所講的盤古等神話，自

1　《古一序》，第6頁。

己寫了一篇5頁的《小史》，起自開闢，終於《滕文公篇》的孔子沒後的一段事。幼時看見一個飯碗，上面畫著「百子圖」，他知道文王是有100個兒子的，料想此圖一定畫的是文王的家庭，便去考訂，當然結果很讓他失望，後來知道百子之說是從《詩經》的「百斯男」而來，只是一種與「千秋萬歲」相似的諛頌之詞，並非實事，心裡方釋然。又因諡法的解釋不同，想做一種《諡法考》，把《左傳》裡的諡法抄集起來，比較的結果使他知道「靈、幽、厲」等諡未必是惡諡，孟子所說「孝子順孫百世不能改」的話並不可靠。還有一次在《漢書》上看到漢高祖為赤帝子，斬白帝子，他想赤帝、白帝不是和黃帝一樣的嗎？為何黃帝為人而赤帝白帝為神？又在某書上看見三皇五帝的名號和《易知錄》所載不一致，考查後始知三皇五帝的次序原來有好幾種不同的說法。

先生更是一個好奇心極發達的人，能夠隨處生出了問題而要求解答，在不曾得到解答的時候只覺得胸中煩悶得不可耐。幼時他祖母常用「你又要『打碎烏盆問到底』了！」這句話來禁止他的提問。他從小就喜歡亂翻書，這「並不是要功課做得好，得著長者的讚許，只覺得書籍裡的世界比我日常所處的世界大得多，我遏不住我好奇的欲望，要伸首到這大世界裡探看一回」。[2]祖父一生研究《說文》和金石，室內多古文字學書；父親為了應書院的月試，多作詩和律賦，室內多文學書；叔父喜歡治近代史，室內多史學書。所以他翻看的書是多方面的，在學問上也得到多方面的認識，12歲時曾作《恨不能讀盡天下圖書》一文，可見他由好奇心而導致的學問上求博的野心如何之

2　　《答李石岑書》，刊《李石岑講演集第一輯》，商務印書館，1924。

大！

以上這些個性，為先生今後的學術道路奠定了基礎，並在他終身的治學生涯中不斷顯露出異常的光彩。

他12歲時，從父親的案頭看到梁啟超編印的《新民叢報》，那時他已經在跟從父親讀《古文翼》中的唐、宋八家文而學習作文了，梁啟超的文章這樣的淺顯暢達、感情豐富，是他在古文裡未曾讀過的，因此在私塾功課之外自己選讀這刊物，當讀到《少年中國說》、《呵旁觀者文》一類文字時是那樣淋漓痛快，早已把作者的感情和自己的感情融化為一體了。恰好不久父親到北京就學於京師大學堂，私塾老師前後換了七八人，功課很鬆，先生完全憑自己興趣讀書，學業飛速進步，他稱這一段日子是「在私塾中最可紀念的」。[3]那時候國內革新運動勃發，要開學校，要造鐵路，要抵制美國華工禁約，要請求政府公佈憲法開國會，梁啟超的言論披靡了一世，他以一種從未有過的批判態度重新評價一切的政治和文化。這不僅啟發了先生的批判精神，使之在此潮流的湧蕩下感到自己救國的責任，常慷慨激昂地議論時事；而且使先生的文風也深受其影響，那樣淺顯暢達，那樣熱情奔放。先生在50年後的《自傳》裡稱梁氏是「啟蒙時代的一位開路先鋒」，[4]確是他的由衷之言。

1906年先生14歲時，蘇州開辦了第一所高等小學—長元吳公立高等小學校，他以第一名的成績考入。兩年後升入蘇州公立第一中學

3　《古一序》，第11頁。
4　見《我的治學計畫》，《傳統文化與現代化》1993年第2期。

堂。進了新式學校，從理科教學中的分類、比較、分析等方面略略認識科學的面目，承受了一點淺近的科學觀念。但除此而外，桀驁不馴的本性使他漸漸對教員不信任了，覺得他們只會隨順了教科書的字句而敷衍，並沒有自己的心得，教科書上錯誤之處他們也不能修正。於是，他仍把主要精力放在自讀上。

他從《漢魏叢書》和《二十二子》中，略識古書的全貌；從《國粹學報》章太炎重新評價古今學術的文章中，知道過去的中國學問界裡是有許多紛歧的派別的：那時正在戊戌政變之後，這次政變是由康有為的經今文學鼓動起來的，他假借了西漢所謂《春秋》大師董仲舒的「三代改制」的話做理由，要求清政府變法自強；政變失敗後，章太炎主張種族革命，反對康有為的保皇論，又站在經古文學的立場上抨擊康氏的經今文學。這是一場使先生看得眼花繚亂的大戰，因專門色彩太濃，他有許多地方看不懂，還沒有力量去評判他們的是非，不免為此感到苦悶。但章太炎「整理國故」的思想，由此開始被先生所接受。

先生和同學王伯祥、葉聖陶一下課就往書肆裡跑，那時的蘇州仍保留著一個文化中心的殘狀，觀前街一帶新舊書肆約有20餘家，他到肆中除了翻看架上的書，還向掌櫃們討教版本的知識。所見書籍既多，自然引起對目錄學的研究，《四庫總目》、《匯刻書目》、《書目答問》等書翻得極熟。當時蘇州還沒有一個圖書館，他所以知道許多書，就是從這幾部書目中看到的。由於終日在書海中遨遊，求博之心使他將各種書很少從第一字看到末一字的，他曾對友人說：「我是讀不好書的了！拿到一部書想讀下去時，不由得不牽引到第二部上去，

以至於第三部，第四部。讀第二第三部書時，又要牽引到別的書上去了。試想這第一部書怎樣可以讀得完？」他常常為此而惆悵。不過從中也得到益處：一方面因為什麼書都看，無意中把眼光放得很大，對古今學術概況有所瞭解，不屑做書本上一家一派的輿台了；另一方面因為這是讀書時尋題目，更從題目上去尋材料，就不是死讀書了。

在此期間值得特別重視的，是先生連續兩次所受的學術上的巨大的震盪。一次是由跟隨祖父讀《尚書》引起，另一次是由從孫宗弼處借讀姚際恆《古今偽書考》引起。

祖父教《尚書》時，是今古文一起讀的，先生本不知道今古文是怎樣一個重大的訟案，讀後感到古文很平順，它的文字自成一派，不免引起了一些懷疑。偶然翻覽李元度《國朝先正事略》，從其中《閻若璩傳》裡知道他已把《古文尚書》辨得很明白，是魏、晉間人偽造的。先生當時想讀閻氏的《尚書古文疏證》，可是覓不到此書，為安慰自己的渴望，即動手從各家《尚書》學說中輯出駁辨《偽古文》的議論若干條，尋繹他們的說法。哪知一經尋繹之後，不但魏、晉間的古文成問題，就是漢代的古文也成了問題。同時先生又感到《今文尚書》中的《堯典》、《皋陶謨》等篇的平易程度並不比《偽古文》差多少，感到漢人《尚書》注的不通，於是引起研究的志願。

孫宗弼原是先生的中學國文老師，後去江蘇存古學堂任經學教員。先生仰慕其學問，常去討教。借讀《古今偽書考》之後，忽然頭腦裡起了一次大革命，才明白自己的「枕中鴻寶」《漢魏叢書》所收的書，其實並不都出於漢、魏、六朝時人的手筆，其中有不少是宋、

明時人的贋作，十之七八都被姚打到偽書中去了。他原來所讀的古人著作本未發現問題的，到這時都引起問題來了。5年後他到北大預科讀書時，刻意求《古今偽書考》而不能得，遂借孫氏此書親手抄錄下來，並作一跋評論之。

先生說：「我深信這兩次給予我的刺激註定了我畢生的治學的命運，我再也逃不出他們的範圍了！」[5]

另外《國朝先正事略》有一篇《崔東壁先生事略》，說他著有《考信錄》，把西周以前的歷史和孔子個人的歷史進行了細密的考辨，於是《傳》、《記》中大量失真的記載被他一掃而空了。這亦引起先生的興趣，但崔氏此書卻未尋見。

再有一件事也值得一提，因先生不忍與孫宗弼分離，故當存古學堂招生時，他便由中學去報名應考經學。考題是《尚書・堯典》上的，他在答卷裡把漢代經學大師鄭玄的注釋痛駁了一回。結果放榜不取，卷子被批道：「斥鄭說，謬。」他得此教訓，方知道學術界的權威是惹不得的，像他這樣「口出狂言」的不怕虎的牛犢不能被當時的社會所容。

不過先生並未因此退縮，年輕人的革命批判精神在不久之後到來的辛亥革命中大大地發揮出來。1911年秋，武昌起義爆發，緊接著各省相繼獨立，勢如破竹。在那個年代，人心動盪極了，連《國粹學報》也停刊了。先生原是喜歡鑽在故紙堆裡的，現在受不住這強烈的

5　　《〈古今偽書考〉序》，《古籍考辨叢刊》第1集，中華書局，1955。

刺激，恢復了讀《新民叢報》時候的精神，想獻身於革命。他再也無心讀書，和同學們加入了中國社會黨，奢望將整個社會在最短的時間之內徹底改造。當然，在複雜的現實面前他這種狂熱性很快就不得不降溫了，精神上不免感到空虛。但這一年多的經歷也使他有不小的收穫—認識了人世和自己的才性，知道自己沒有政治方面的才幹。

　　1912年夏，先生中學畢業。次年春，他奉父親之命，考入北京大學預科，邁出了人生道路上重要的一步。

1.2　入北大預科

　　1913年4月，先生抵達北京大學。那時預科一部是文科，二部是理科，先生一直是喜愛文科的，這時卻入了二部，究其緣故，只為當時對革命的失望，對袁世凱虐政的憎惡，而產生了隱居的念頭，夢想學農科，以為這樣既可自給自足，不靠人家吃飯，又可與大自然為友。可見他當時還未從一年多來社會現實的打擊的陰影中擺脫出來。

　　由於心境不佳，加之校中功課不緊，先生便按自己的興趣大看起戲來。以前在蘇州，同窗好友葉聖陶酷愛文藝，常向先生稱道戲劇的功用，他們曾一起到上海去看過幾次戲，為之陶醉不已。現在既然來到戲劇淵海的北京，如何肯放過機會呢？好在當時戲價極便宜，先生還可以從飯錢裡省出來。他固然有幾個極愛看的戲子，但好博的生性使他無論哪一種腔調、哪一個戲班子都要去聽幾次，全北京的戲子大概都給他見到了。對他來說，好戲子的吸引力遠比教員要大，課業自然荒疏；況且理科的功課，如製圖、數學本來就很吃力，如何能應付

期末考試？於是他經父親同意後，便休學半年，準備下學年改入預科一部學習。休學期間，戲癮更大，戲園子成了他的正式課堂。他並不像別人看戲僅僅是為欣賞，出於擅長思考問題的習性，他隨時留意了戲劇中的故事、角色，和民眾的思想相接近，從中看出許多問題。比如薛仁貴和薛平貴的姓名、事蹟都極相像，但仁貴見於史書，平貴不見於史書而遭遇更為奇特，直從乞丐做到皇帝，可見平貴的故事是從仁貴的故事中分化出來並加以淋漓盡致的發揮的。又如《轅門斬子》一戲，表現佘太君等人在掛出斬殺劍後的情節在皮黃班和梆子班中不同，由此可見編戲者看描寫人物的個性比保存故事的原狀為重要，因為各就想像中描寫，所以各班的戲本不必一律。再如司馬懿在《逍遙津》中與曹操等同台時是老生，然而在《空城計》中與老生諸葛亮對陣時他便是淨了；曹操在別的戲中都是淨，但在謀刺董卓的《獻劍》中卻是生，可見戲中人的面目不但表示其個性，而且表示其地位。由於「深思的結果」，先生「忽然認識了故事的格局，知道故事是會得變遷的，從史書到小說已不知改動了多少，從小說到戲劇又不知改動了多少，甲種戲與乙種戲同樣寫一件故事也不知有多少點的不同。一件故事的本來面目如何，或者當時有沒有這件事實，我們已不能知道了；我們只能知道在後人想像中的這件故事是如此紛歧的。推原編戲的人所以要把古人的事實遷就於他們的想像的緣故，只因作者要求感情上的滿足……這是一樁；其餘無意的訛變，形式的限制，點綴的過分，來歷的異統，都是可以詳細研究的。」[6]對這一項學問上的收穫，當時先生並未如何看重，直至數年後辨論古史之時才明白其價值。

6　　《古一序》，第22頁。

先生在預科二部與毛子水同學，甚敬重之。先生一向只知道憑興趣翻書，可謂「汗漫掇拾，茫無所歸」，而毛子水讀書非常有秩序，先生受其影響，居然將《莊子》白文圈點完畢，這是有生以來第一次有始有終地讀書，他將此看作毛子水無形中所給的恩惠。

　　1913年冬，章太炎在國學會講學，內容有文字學、文學、史學、玄學（即哲學），毛子水服膺章氏學說，乃邀先生一起去聽講。先生學私塾到大學，聽過一二百個老師的課，總覺得沒有一個能夠完全攝住自己的心神。到這時聽了章太炎的演講，覺得他的話既是淵博，又有系統，又有宗旨和批評，先生第一次碰到這樣的老師，真佩服極了。尤其是聽到章氏對於「孔教會」的抨擊，更受啟發。當時袁世凱蓄意做皇帝，宣導復古思想，孔教會聲勢很大。章氏指出宗教和學問的地位的衝突，又指出現在提倡孔教者是別有用心，想以此來推翻國體。他舉了廖平、康有為等今文家所發的種種怪誕不經之說，分析他們的思想如何起源於董仲舒，如何想「通經致用」，又如何妄造了孔子的奇跡，硬捧他做教主。先生聽後極生氣，想不到今文家竟是這類的妄人！他以前在書本裡雖已知道經學上有今古文之爭，但總以為這是過去的事情，哪裡知道這個問題依然活躍於當世的學術界上！古文家主張《六經》皆史，把孔子當作哲學家和史學家看待，先生深信這是極合理的，他說：「我願意隨從太炎先生之風，用了看史書的眼光去認識《六經》，用了看哲人和學者的眼光去認識孔子。」[7]

　　自此，先生在學問上已經認清了幾條大路，產生了自覺的治學意

7　　《古一序》，第24頁。

志。他以前固然極愛讀書，但這種興味只是被動的，只懂得陶醉在裡邊，想不到書籍裡的東西可以由自己的意志來主宰驅遣。現在知道只要自己認清了路，自可有自己的建設，書籍是可備參考而不必作準繩的，他頓時覺得舊時陶醉的東西都變成了腕下的材料。然而如何去處置這些材料？處置之後作何用？處置這些材料的大目的是什麼？他把這些念頭歸成四個題目：（一）何者為學？（二）何以當有學？（三）何以有今日之學？（四）今日之學當如何？在那三四年中，他常於暇閒中思索，並搜輯他人的意見。起初先生下「學」的界說的時候，以為它是指導人生的，因為人們通常都認為：學了沒用，何必費力去學！但經過了長期的考慮，他始感到：「學的範圍原比人生的範圍大得多，如果我們要求真知，我們便不能不離開了人生的約束而前進。所以在應用上雖是該作有用和無用的區別，但在學問上則只當問真不真，不當問用不用。學問固然可以應用，但應用只是學問的自然的結果，而不是著手做學問時的目的。」[8]他所以能有這個覺悟，追尋最有力的啟發，就在章太炎攻擊今文家的「通經致用」上。從此以後，先生敢於大膽作無用的研究，不為一班人的勢利觀念所籠罩了。他說：「這一個覺悟，真是我的生命中最可紀念的；我將來如果能在學問上有所建樹，這一個覺悟決是成功的根源。」[9]以後的事實證實了這一點，先生為求真而辨偽，的確取得了卓越的成績。

　　儘管當時先生願在經學上做一個古文家，但博覽的習性又使他尋找今文家的著作，想看它究竟壞在哪裡。康有為的《新學偽經考》、

8　　《古一序》，第25頁。
9　　《古一序》，第25頁。

《孔子改制考》二文讀過之後，先生認為康氏根據歷史的證據揭出古文的來歷有可疑之處，言之有理；尤其是《孔子改制考》論述上古事茫昧無稽，更是愜心厭理，既然孔子時夏殷的文獻已苦於不足，何況三皇五帝的事實！《改制考》彙集戰國諸子托古改制的事實，將那時的學術風氣敘述清楚，先生把它看作是一部絕好的學術史。他雖不同意康氏所說孔子作《六經》的話，但《六經》中摻雜了許多儒家的托古改制的思想是不容否認的，故而十分敬佩康氏觀察力的敏銳。至此，先生方始知道古文家之所以詆毀今文家大都是出於家派之成見，這就使他由擁護古文反對今文，轉變到對古文發生懷疑。以後由於章太炎不斷表現出強烈的信古之情，漢代古文家之說有許多明明現在已經站不住了，他仍要為之彌縫，實際上他已經動搖了先前自己提倡的「求真」的信念─這曾使先生那樣仰慕並且終身執守的信念─因而「看家派重於真理，看書本重於實物」，最終使先生失去了對其愛敬之心。至於康有為，他受西方歷史家考定的上古史的影響，知道中國古史的不可信，就揭出了戰國諸子和新代經師的作偽的原因，這不僅直接啟發了以後先生疑古的動機，而且更誘導先生以後去研究偽史的背景，走上辨偽的道路，他對先生的影響可謂大矣。但好學深思的先生只是接受了康氏的一些卓識，而對他及其他今文家的態度總不能佩服，認為他們拿辨偽做手段，把改制做目的，是為運用政策而非研究學問。他們的政策是：第一步先推翻了上古，然後第二步說孔子托古作《六經》以改制，更進而為第三步把自己的改制引援孔子為先例。因為他們的目的只在運用政策作自己的方便，所以雖是極鄙陋的讖緯也要假借了做自己的武器而不肯丟去。因為他們把政策與學問混而為一，所以在學問上也就肯輕易地屈抑自己的理性於怪妄之說的下面。

這種自欺欺人的態度與先生重理性、重求真的態度格格不入，先生自然不能接受。

這樣，由於經古文今文兩派的衝突，各各盡力揭破對方的弱點，就使先生作為觀戰者逐漸通過自己的思索消歇了信從家派的迷夢。不過在當時，先生還沒有能力去判斷他們的是非。待數年後得識錢玄同先生時，他才對此有了深徹的認識。

先生改入北大預科一部後，始正式用功。那時的國文教師是馬裕藻，文字學教師是沈兼士，他們都是章太炎的弟子，很有學問。在他們的指導下，先生開始走向專門研究的道路，課餘依次按日圈點誦讀自選書籍，常至半夜一二時才睡。讀的書有關文學批評方面的是劉勰《文心雕龍》，史學批評方面的是劉知幾《史通》，文史綜合批評方面的是章學誠《文史通義》，受這些書的影響，先生認為對於文學、史學都該走批評的路子。

這一年冬天，先生始記《寒假讀書記》，由此為開端，一生記讀書筆記200餘冊。在這第一冊筆記中有一段小敘可以反映他讀書的宗旨：

余讀書最惡附會；更惡胸無所見，作吠聲之犬。而古今書籍犯此非鮮，每怫然有所非議。苟自見於同輩，或將誚我為狂。……吾今有宏願在：他日讀書通博，必舉一切附會影響之談悉揭破之，使無遁形，庶幾為學術之夯。[10]

10　《古一序》，第27頁。

先生桀驁不馴的天性，加之歷代學者批評精神的激發，使他寧可被譏諷為「狂人」，也要揭破書中一切附會之說，這雄心不可謂不大。

正因為先生愛讀批評性的書，故而以後找到宋代鄭樵的《通志》。此書不僅涉及的範圍非常廣泛，從天文到生物都記載，敘述的史實從《史記》、《漢書》直至唐、五代；而且很有批判精神，所以在過去一直被斥罵，只有章學誠替他辯護，認為他的書具有創見。這種魄力與創見，均使先生心儀。

那時先生讀書，對前人的目錄書很不滿意，認為應先分時代，再分部類。學問上的野心使他頗興著書之念，屢屢規劃著自己未來的寫作方案。1915年秋因病休學，在家一年，當健康稍有起色，便迫不及待地按照自己興趣開始實現以時代分目錄的計畫，因清代的材料最豐富，就先作《清代著述考》。他以《書目答問》的《國朝著述諸家姓名略》為依據，又增補了若干家，依學術的派別分作者，在作者的名下列著述，按著述的版本見存佚，並集錄作者的自序及他人的批評。弄了幾個月，粗粗地成了20冊，編列了500餘人，其中未列入姚際恒，因找不到他的傳狀，其著述除一冊《古今偽書考》外並未見其他。同時又作清代學者之《師承表》、《籍望表》等五表，用以說明他們的自然環境和社會環境。從這些工作中，先生對於清代的學術就有了深入的領會。清代的學風和以前各時代不同之處在於：以前必要把學問歸結於政治的應用，而清代學者則敢於脫離應用的束縛；以前總好規定崇奉的一尊，而清代學者為要回復古代的各種家派，無意中把一尊的束縛也解除了。以前先生曾聽得幾個今文家的說話，以為清

代的經學是「支離，瑣屑，餖飣」的，是「束髮就傅，皓首難窮」的，到這時才明白知道，學問必須在繁亂中求得的簡單才是真實的綱領；若沒有許多繁亂的材料作基本，所定的簡單的綱領便終是靠不住的東西。今文家要從簡單中尋見學問的真相，徒然成其淺陋而已。這樣，青年時代的先生就掌握了清代學術的全貌，為今後的學術研究打好了取精用宏的基礎。他非常愛好清代學者「治學方法的精密」、「搜尋證據的勤苦」、「實事求是而不想致用的精神」，[11]並將其貫注於自己一生的治學之中。

那時，除了《清代著述考》之外，他又著手編纂《國學志》，把《著述考》列為《志》的一種，另外還有《學覽》等六種。像這種大規模的工作本該由學術團體通過分工合作來完成的，先生的野心再大，意氣再高張，一人之力也難以擔當，最後的不了了之是必然的。不過他為《學覽》所立之宗旨，可反映當日其治學的態度：

　　古來諸學，大都崇經而黜子，崇儒學而黜八家，以至今古文有爭，漢宋學有爭，此亦一是非，彼亦一是非。欲為調人，終於朋黨。蓋不明統系而爭，則爭之者無有底，解之者無可藉。使其明之，則經者古史耳，儒者九流之一家耳，今古文者立學官異耳，漢宋學者立觀點異耳，各有其心思，各有其面目，不必己學而外無他學，也不必尊則如天帝而黜則如罪囚也。
　　是書之輯，意在止無謂之爭，舍主奴之見，屏家學之習，使前人之所謂學皆成為學史，自今以後不復以學史之問題為及身之問題，而

11　《古一序》，第29頁。

一歸於科學。此則余之志也。[12]

　　那時先生才是20歲出頭的年輕人，竟能具備如此博大而平實的心胸，則他今後的成就是可以預料的了。

12　　《古一序》，第31-32頁。

第二章

五四新文化運動中的飛躍

2.1　沐蔡元培思想自由的春風

　　1916年夏，先生赴滬參加北大本科的入學考試，放榜時名列第五。按說預科未畢業照章不該考本科，因當時北大本科也收同等學歷者，先生便在報名時改用頡剛名（先生原名誦坤，頡剛為號），學歷改填自修，以後在北大同學錄裡他的學歷竟成了「自修學校畢業」，其實這對他來說倒也恰如其分。

　　秋天，先生入北大文科中國哲學門（即以後的哲學系）。哲學門的前身是京師大學堂的經科，先生在北大預科時就已知道該門中經學空氣很濃，他對清代學者治經學的卓越成績心儀已久，也想治經學。同時辛亥革命以後社會的變動太劇烈了，使他精神上苦悶悵惘，摸不著一個人生的頭路，得不到安慰；加以年歲漸長，看到世界上的事物繁雜離奇，酷想明瞭它們的關係，理出一個頭緒來。因此想通過研究哲學以解決這些問題。儘管親友認為哲學不是一種謀生的本領，不贊成他學，但他並未改變自己的志向。

　　當時校中教「中國哲學史」課的是古文家陳漢章（伯弢），他舊學淵博，《十三經注疏》、《二十四史》、《九通》讀得爛熟，能供給學生無數材料，使他們知道研究一種學問應該參考的書是多至不可計的，先生當時《筆記》中寫道：「自受業于伯弢先生，頗願為根本之學，以執簡馭繁，不因陋就簡。」[1]這表明先生不再滿足於目錄平議所載的綱要而想真正讀原書了。可是陳氏從伏羲畫卦講起，講了一年才講到箕子陳《洪範》。先生早已受《孔子改制考》啟發，知道那些

1　　《古一序》，第92頁。

上古材料是靠不住的，覺得他博而寡要，但為敬重他的淵博，不忍有所非議。另外教「春秋公羊學」課的是崔適，他嚴守今文家壁壘，說《穀梁傳》和《左傳》是古文學，即偽經學，絕不是孔子的意思；把《公羊傳》分類解釋，要人從中看出孔子的《春秋》大義。先生雖然也欽敬他嚴肅而勤懇的態度，卻總是想不明白：《春秋》本是魯國史書，為什麼不從東周的史實上講而必須在孔子的意思上講？即使說這部書真是孔子所筆削的魯國史書，一字一句都貫穿著他的意思，為什麼書中屢有缺文，表明它保存了斷爛的史書的原樣？如果說《公羊傳》的作者確是孔子的門人，最能把握孔子的微言大意，為什麼《傳》中常說「無聞焉爾」，表明他並沒有捉住孔子的意思？先生對此課甚無好感，那些漢人的迂謬見解已非他的頭腦所能容受，他既不想作今文家，就不去理會這些。可以說，先生並沒有從老師那裡得到經學上的教益。

　　至於以哲學去探索人生和宇宙的奧秘的願望，也沒有真正實現。當他挾著吸吞河嶽的豪氣魯莽奔馳了許久之後，知道過去的哲學的基礎原建築於玄想之上，其中雖有許多精美的言論，但實際上只是解頤之語而已，終不能以此為定論。當清末民初之際，西洋的科學傳進中國，先生已從梁啟超、章太炎、嚴復等人的著作中接觸到一些新理論，認識到科學的哲學現在正在發端。故而他說：「我們要有真實的哲學，只有先從科學做起，大家擇取了一小部分的學問而努力；等到各科平均發展之後，自然會有人出來從事於會通的工作而建設新的哲學的。所以我們在現在時候，再不當宣傳玄想的哲學，以致阻礙了純

正科學的發展。」[2]

那時學校中宋代理學的空氣極重。先生對於它向來不感興味，這時略略學了一些心理倫理的常識之後再去看它，更覺得觸處都是誤謬。他們要把必不可能之事歸之於聖人，見得聖人的可望不可即；更用迷離的字句來擾亂學者的眼光，使其捉摸不著可走的道路，只以為高妙的境界必不是平庸之輩所可企及。這種故作神秘的昏亂思想，卻作為課業而必修，先生因此極為憎恨，一心想打破它。

對舊學問、舊思想懷有強烈批判精神的先生，終於迎來了生命上的春天。1917年1月，蔡元培就任北大校長。先生早已知道他是一位清末翰林出身的宿儒，卻拋官不做，加入同盟會從事民族革命，以後留學歐洲，研究哲學、美學、教育學，又是一位受過新時代訓練的學者，其品德和學問令人景仰，現在能來北大任校長，多麼讓先生興奮！

前面已說過，北大原是由前清的京師大學堂衍變而來的，仍保留著不少舊習。清朝的大學生畢業後相當於一個正途出身的翰林，因此北大的學生多是北京的官家子弟以及外省的官家或地主家子弟，他們談論最多的就是畢業後如何進入政界。由於家境優厚，很多人經常逛妓院、打牌、聽戲，對學業只是混混而已，像先生這樣憑個人意志去鑽研功課的人不多。學校裡固有圖書館，但沒有幾個人去看書，形同虛設。學生對校長不能直接談話，有事時須寫呈文遞上，學生與教員間也沒有什麼關係，校中更沒有什麼文娛活動。總之，在蔡校長到來

2　　《古一序》，第34頁。

之前，學校裡暮氣沉沉。

蔡校長一到任，就銳意改革校中舊習。他出佈告廢止呈文而改用公函，每天進校門時對著向他敬禮的校警竟然脫帽鞠躬回禮，這種令充滿封建思想的師生們驚異不已的做法漸漸養成了全校平等的氣氛。蔡校長又設立出版部，出版《北京大學日刊》，其中除了發表校中消息之外，兼收教員和學生的論文或筆記，於是有了討論駁辯的文字出來，造成了學術研究的空氣，打破了以前的沉寂。學生對於學校的改進有所建議時，蔡校長也將其送該刊發表，擇其可行者立即督促實行。先生對於圖書館之事最有興趣，故將館中一切呆滯停頓的現象指摘出來，上書校長後，不日即在《日刊》上看到校長啟事，對先生所述各條均有答覆，使先生快慰已極，這就更加激發了他的批評精神。蔡校長還鼓勵學生成立各種學會，書法研究會、畫法研究會、音樂會、辯論會、武術會一個個成立起來，課餘活動變得生動活潑。

後來蔡校長為發表師生的長篇論文，又出版《北京大學月刊》，在其親自為此刊所作序中，寫道：「《中庸》裡說的『萬物並育而不相害，道並行而不相悖，此天地之所以為大也！』我輩應當實現這個境界。」人們由此更認識到他的廣博的心胸。蔡校長大力推行「思想自由，相容並包」的方針，各方面的人才均羅致，因文科是改造思想的中心，故尤其注重它，請來陳獨秀作文科學長（相當於以後的文學院院長）。陳氏原以主編《新青年》雜誌宣傳思想革命而得到進步青年的共鳴，現在更以此刊為陣地，聯合校中一批思想進步的教員，積極鼓吹新思潮。文科中本來只有中國哲學、中國文學、英國文學三門，蔡校長將哲學門減少了經學課，加重了先秦諸子和西洋哲學的分

量，又去掉「中國」二字，表示中外之學應該打通；以後利用政府將國史館歸併到北大、自己兼任館長的機會，請來許多史學專家，便在文科增設了歷史系，這為後來李大釗在其中講授「唯物史觀」一課宣傳馬克思主義思想創造了條件。蔡校長還接受陳獨秀的推薦，請當時在美國留學並常向《新青年》投稿的胡適來作教授。至於思想守舊而有真才實學者，蔡校長一例請來，如請擁護袁世凱做皇帝而對傳統經典有極深的造詣的劉師培任國文門「中古文學史」課；又請一直保留清朝裝束幾乎被人視為怪物而精通六國文字的辜鴻銘任英文門教授。蔡校長就是要讓學生在各種相互衝突抵牾的觀念、學說中去自己評判曲直、選擇取捨，這對於一向獨立思考而不肯輕信他人的話的先生來說，簡直是如魚得水。

這裡我們可以舉出先生與蔡校長的一段交往，更清楚地看出當時的情狀：由於不滿意僅以諸子原書講授的作法，先生上書蔡校長及陳學長，請求變更中國哲學講授方法。他認為作為一門學科，應能總匯眾理，施以綱領條目，不可被一代一人之言所限。比如講授《莊子》，雖將《逍遙》、《齊物》解說盡致，然它與中國哲學如何關聯，與外國哲學如何比較；在它如何由邏輯以立其言，在我如何由邏輯以評判其說，絕非專守本文所能講清。他認為那樣講授「是為國故而非科學」，「難尋普遍之理而易為章句之解」，故建議另外制定講授方法，而將《墨子》、《莊子》等課改為「特別演講」。上書之次日，便得到答覆，蔡氏批：中國哲學史詳中國哲學思想進化之系統，中國哲學則擇其較為重要諸家特別詳講耳。以為特別演講，本無不可。中國哲學之名，本不合於論理，不久當廢。陳氏批：學術只有派別之分，

無國界之分。課程中中國哲學名詞，已擬作廢，易以各家各派哲學名稱。而先生對此答覆並不滿意，認為必具科學條貫，始謂之學；學史上之家派，只能稱為一家之言，不可謂之學。於是不久續上一書，再申己意。蔡校長又覆書曰：「來信讀過，並已致陳學長談過，於昨日評議會提出討論。所謂儒家道家等言，可謂之說而未可謂之學，誠是。然今之哲學門乃中國哲學門之改變，去『中國』二字已不知廢多少唇舌。若於教科中竟刪中國哲學之目，則議者更多。現在哲學門之學生尚有不通外國語、未曾習過科學者，過渡辦法止能如是，俟兩年後實行新章時必能使君滿意耳。」一名普通的學生，初經科學之風洗禮，便要求從根本上改變舊有的講授方法，校長、學長既沒有置之不理，更不施以「狂妄」的帽子，而是以平等的身份討論之、誘導之，足見當時北大的校風了。以前先生固然敢作批評，但不勝傳統的壓迫，即如那次考存古學堂時，被考官批了「斥鄭說，謬」四字，後來雖在讀書時依舊只見到鄭玄的謬處，但總想以清代學者治學的精密，而對於他還是如此恭敬，或者他自有可以佩服之點，不過這一點尚不曾被自己發現罷了。到這時，大家提倡思想革新，先生始有打破舊思想的明瞭的意識，「知道清代學者正因束縛于信古尊聞的舊思想之下，所以他們的學問雖比鄭玄好了千百倍，但終究不敢打破他的偶像，以致為他的偶像所牽絆而妨礙了自己的求真的工作」。[3]於是他更敢於作大膽的批評了。

　　胡適到北大那年僅27歲，這樣年輕的教授是北大歷史上從未有過的，他接替50歲的陳漢章講「中國哲學史」，果斷地略去遠古一段，

3　　《古一序》，第35頁。

徑由《詩經》中取材，從周宣王以後講起，以說明中國哲學「結胎的時代」。這樣一改不禁使先生和他的同學們充滿著三皇五帝的腦筋驟然受到一個重大的打擊，「駭得一堂中舌撟而不能下」。許多同學不以為然，有的同學還舉出他在《新青年》上發表的「兩隻黃蝴蝶，雙雙飛上天」的新詩來作嘲笑的資料，甚至有把他趕下講臺的企圖。可是對於終日在學海中遨遊，酷望把中國舊學系統化、條理化的先生來說，卻不是這般見識，在聽了幾堂課之後，他聽出一個道理來了，認為胡適不像那些老先生只會提供無數材料卻不會從中抽出它的原理和系統，而是有眼光，有膽量，講得條理清楚，裁斷有制，不肯貿然信從古人，非常合於自己的理性，都是自己想說而不知怎樣說才好的。因此先生力勸班裡同學不要以貌取人，還勸同宿舍的好友、國文門學生傅斯年（孟真）去旁聽。傅斯年不僅天分甚高，有優良的學問修養，而且感情熾烈，最敢放言高論，先生從其言論中常增加自己批評的勇氣，故他們二人每每高談闊論，大有「塤篪相應」的樂趣。這時傅氏去聽了胡適的課後，也很滿意。從此後，他們對於胡適非常信服，先生對於上古史的疑問在讀了《孔子改制考》之後又因聽胡適的課而加深了。那時胡適的《文學改良芻議》已在《新青年》上發表，點燃了「文學革命」的火炬，他徹底打破士大夫和下層民眾在語言上延續已久的畛域，把白話文提升到文學正宗的地位，以其作為新文學的表現形式，先生與傅斯年等承接此風氣，開始學作白話文。傅氏原本是國文系教授黃侃的高足，黃侃乃是校中有力的守舊派，一向痛罵提倡白話文的《新青年》，不料現在傅氏竟走到胡適的路子上去；以後當傅氏等人辦起《新潮》，黃侃等人亦辦《國故》與《新潮》唱對臺戲，這富有戲劇性色彩的變化當來自於蔡校長所提倡的「思想自

由，相容並包」的辦學方針。胡適晚年憶舊時曾說，他初進北大做教授之時，常常提心吊膽，加倍用功，因為他發現不少學生的學問比他強，「這一批年輕但是卻相當成熟，而對傳統學術又頗有訓練」[4]的學生即包括傅斯年和先生在內。也可以說，正因為胡適得到了這些學生的信服，故而這位剛剛留學歸國的年輕小夥子方能在擁有全國宏儒碩彥的學術重鎮—北京大學站穩腳跟。

蔡校長有意將「國學」在原有基礎上擴大研究範圍，請擅長填詞作曲並演唱的吳梅來做國文門教授，以前在京師大學堂的年代校中也有些雜劇、傳奇類藏書，後被當作有傷風化的淫詞豔曲而燒掉了，現在，校中又大買起詞曲書來，不少學生跟著吳梅學唱戲曲。另外他還大力支持國文門教授劉復（半農）、沈尹默搜集歌謠，劉、沈等人因創作白話詩，想在本國文化中找出它的傳統並有所借鑑，故而注意到歌謠。自1918年2月起，北大開始以校長名義向全國各省徵集歌謠。5月起，劉復所編訂之歌謠選陸續出現在《北京大學日刊》上。眾所周知，歌謠是一向為文人學士所不屑道的東西，現在忽然在學問界裡闢出這樣一個新天地，大家不免詫異，甚至怕這些市井中猥鄙的歌謠玷污了最高學府的尊嚴。然而蔡校長毅然支持劉復等人做了下去，久而久之大家也看慣了。先生每天在《日刊》上讀到一二首，頗覺得耳目一新。不久先生因妻子吳夫人患病而造成極度的神經衰弱，只得休學回家，妻子病逝後，他既困於疾病，復傷於悲哀，讀書和思考之事一時完全停止，感到悵悶不盡。恰巧從寄來的《北大日刊》上時常看到新鮮的歌謠，便想用這種怡情適性的東西來伴自己的寂寞。於是就從

4　　《胡適口述自傳》，華文出版社，1992，第192頁。

家中小孩的口中搜集起，漸漸推至別人，包括祖母及女傭，後來葉聖陶等蘇州同學聽說此事亦將自己所知者寫來，一時間居然積到百餘首。「很奇怪的，搜集的結果使我知道歌謠也和小說戲劇中的故事一樣，會得隨時隨地變化。」[5]如在同一地方採集來的二首小老婆怨命的歌謠，開頭、結尾及層次的鋪展均類似，可見是從一首歌詞分化的；但中間主要的一段講丈夫對自己的態度卻不同，究竟這首歌的原詞是得戀還是失戀已不能知道，所能知道的是因為分化而使原詞改變了意義。為搜集歌謠並明瞭其意義，先生自然把範圍擴張得很大：方言、諺語、謎語、唱本、風俗、宗教各種材料都著手搜集起來。這一年中，隨手的箚記竟積到了10餘冊。他說：「我對於民眾的東西，除了戲劇之外，向來沒有注意過的，總以為是極簡單的；到了這時，竟愈弄愈覺得裡面有複雜的情狀，非經過長期的研究不易知道得清楚了。」[6]對於好奇心極強的先生，面前這一條新路使其在寂寞獨征之中激起了拓地萬裡的雄心，果然在以後開創了我國的民俗學事業，並且以歌謠去研究《詩經》，取得巨大成果，追根溯源，不能不首先歸功於蔡校長的開明和提倡。

在蔡校長、陳學長的支持下，1918年秋，傅斯年及好友羅家倫（志希）等人發起成立《新潮》雜誌社，請胡適為顧問，請蔡校長為此刊題寫刊名。當時先生雖休學在家，仍是首批入社的21名社員之一。早在一年前，先生與傅斯年就常以辦刊物之事作為談話的資料，他們認為，辦雜誌是最有趣味、最於學業有補助之事，也是最有益於

5　　《古一序》，第37頁。
6　　《古一序》，第39頁。

學生發揮主動性的生活，先生甚至在中學時代即有所嘗試。現在有學校承擔經費，他們終於可以實現這一抱負了。按照他們自己的風格，《新潮》信守著批評的精神、科學的主義、革新的文詞，這在傅氏所作《發刊旨趣書》中說得極清楚，文曰：北京大學今「漸入世界潮流，欲為未來中國社會作之先導」，此刊「一則以吾校真精神喻於國人，二則為將來之真學者鼓動興趣」。他們站在時代潮流的前列，介紹西方近代思潮，批評中國當時學術和社會的各種問題，鼓吹文學革命、倫理革命，提倡個性解放、婦女解放，向封建勢力發起猛烈攻擊。那時已是「五四」前夜，北大已成為全國青年仰望的中心，此刊一經出版就銷遍大江南北，與《新青年》相呼應，產生了廣泛、深刻的影響。那時能寫白話文的青年很少，故首批入社者多為北大文科學生。

先生為《新潮》作了兩篇長文，一為《對於舊家庭的感想》，一為《中國近來學術思想界的變遷觀》（此文原為該刊「思想問題專號」而作，因該專號未出，故未刊）。前一文出於舊家庭給先生所造成的切膚之痛，包括吳夫人之逝及自身之病，因而一針見血地揭露了千百年來舊家庭中毒害、禁錮人們頭腦的名分主義和習俗主義，如何導致不承認人格而將人的創造天才和勇敢精神滅沒殆盡，如何造成暮氣的世界和騙子的世界。後一文則充分反映出當時先生所深受的西方歷史進化論的影響，在馬克思主義唯物史觀傳播以前，進化史觀是資產階級史學家科學地講解社會歷史發展的學說，在社會上影響很大。20世紀初，梁啟超在《新史學》中指出：「歷史者，敘述人群進化之現象而求得其公理公例者也。」他認為歷史不是圓形之循環而是螺旋形發

展的。胡適留學時學習了杜威的實用（或曰實驗、實證）主義，將其所包括的「歷史的方法」及「實驗的方法」與中國傳統的考據學自覺地在方法論層次上融合起來，不僅貫穿於自己的學術研究中，並且在中國學術思想界大力鼓吹和推行，這對於開創和形成中國現代國學研究—中國學術發展史上的一個嶄新時代—起到不可忽視的作用。胡適把「歷史的方法」比做「祖孫的方法」，即「從來不把一個制度或學說看作一個孤立的東西，總把他看作一個中段：一頭是他所以發生的原因，一頭是他自己發生的效果。」這種歷史進化觀念使先生感到愜意，他曾在日記裡寫道：

　　讀胡適之先生之《周秦諸子進化論》，我佩服極了。我方知我年來研究儒先言命的東西，就是中國的進化學說。（日記1919年1月17日）

　　讀《新青年》……論世界語一篇，胡先生評他根本論點，只是一個歷史進化觀念；並謂語言文字的問題，是不能脫離歷史進化的觀念可以討論的。此意非常佩服。吾意無論何學何事，要去論他，總在一個歷史進化觀念，以事物不能離因果也。（日記1919年1月12日）

　　因此在《中國近來學術思想界的變遷觀》[7]一文中，他運用這一觀念分析了如何由清代的樸學發展到科學，由陸燿的經濟學發展到時務、法政，由章學誠的史學發展到國故，由清代的今文學發展到建立孔教。認為古今學術思想的進化，只是一整然的活動，中國原有的學

―――――――――

7　刊同前。

問，即「樸學」、「經濟學」、「史學」、「今文學」，亦包含著新的因素，「假使中國從前的學問不是如此，則歐化進來以後，精神上的迎拒、事實上的表見，絕不與今日相同是可決的」。正由於先生對新舊的關係有這般敏銳清晰的感受，故不贊同當時社會上出現的偏激之見，指出「新近因孔教的反動，有幾個人拿今世的人生觀去判定孔子的本身也該推倒，我想這也不必。古人的價值是因古代的時勢而有的……如今回溯從前這價值，自然依舊存在，原是推不倒的」。同樣，對日後有關「全盤西化」與「本位文化」的東西文化問題的爭論，先生亦持調和的態度，認為新舊必相互融化，取長補短，方能除舊開新，世界方能進化。當時那一代知識份子具有的某種心理失衡狀態在先生身上並不存在，這也因為他一貫是憑自己的理性去思考、判斷是非，因而對中國傳統文化的認識是立足於批判的繼承之上的。歷史進化論對於先生學術研究的影響，以後將更深刻地表現出來。

正因為蔡校長為北大開風氣，「他總是希望人家發展個性，永遠鼓勵人們自由思想。他唯恐別人不知天地之大，又唯恐別人成見之深。他要人們多看，多想，多討論，多工作」，[8]故而學校一天天地發皇，學生一天天地活躍，真可以說進步像飛一般地快。一座舊衙門式的學校，經過兩年多時間，竟成為新文化運動的中心，於是，到了1919年五四運動一試其鋒，矛頭所向由文化上的建設轉向政治上的反抗強權，就如狂飆怒濤不可抵禦。如果說五四新文化運動是中國近現代史上的啟蒙運動，那麼，蔡校長就當之無愧地成為啟蒙運動中的革命先驅者。康得說過：「敢於認識！勇敢地運用你自己的悟性，這

8　《我所知道的蔡元培先生》，《中國哲學》第4輯，1980。

就是啟蒙運動的座右銘。」而蔡校長的中心主張，就是以理性為宗旨，啟發人們自覺運用自己的頭腦，勇敢地去認識世界。曾經有人說，中國如果沒有蔡元培，或蔡元培不當北大校長，中國就不會有共產黨，如果有，也要推遲多少年。這句話準確與否，我們當然不必在這本書裡討論；不過蔡校長所推行的「思想自由，相容並包」的辦學方針，所宣導的接受理性指導的觀念，的的確確對於先生一生的學術研究起到關鍵性的作用。幾年後，先生在那篇舉世聞名的《古史辨第一冊自序》中懇切地寫道：「若是我不到北京大學來，或是子民先生等不為學術界開風氣，我的腦髓中雖已播下了辯論古史的種子，但這冊書是絕不會有的。」這是他的由衷之言。

2.2 跟隨胡適整理國故

現在學術界有人認為：「如果我們把新文化運動大致分為思想、學術與文藝三條陣線」，那麼，胡適實可被看作學術陣線的「前敵總司令」，「而學術這條陣線實在是新文化運動的內在核心」。[9]1919年，胡適在《新思潮的意義》這篇說明新文化運動宗旨的著名論文中提出「研究問題，輸入學理，整理國故，再造文明」的綱領，足以體現當時運動中西結合、創造新文化的基本精神。既然先生早已接受章太炎「整理國故」的思想、具備自覺治學的意志並對傳統文化持有批判地繼承的態度，那麼，此時他積極回應胡適「整理國故」的計畫，在這

---

9   耿雲志：《中西結合，創造新文化——五四新文化運動再認識》，刊《五四運動與中國文化建設——五四運動七十周年學術討論會論文選》，社科文獻出版社，1989。

位「司令」引導下全力以赴投入這項工作，自是理所當然的事了。

1920年夏，先生由北大畢業，這時《新潮》的編輯傅斯年已赴英留學，接任的羅家倫亦即將赴美留學，羅氏希望先生能將此刊繼續編輯下去，並深知先生素懷治學之志，欲助成之，因此托胡適在北大為其謀得圖書館編目員一職。在致胡適信中，羅氏曰：「頡剛的舊學根柢，和他的忍耐心與人格，都是孟真和我平素極佩服的。所以使他有個做書的機會，其結果絕不只完成他個人求學的志願，而且可以為中國的舊學找出一部分條理來。」[10]由此可見，先生的學問與人格，在當時同學中已有相當的聲譽，他們相信先生可以勝任「整理國故」的工作。先生畢業後要承擔北京與蘇州兩處家用，助教月薪方50元，遠不敷用，羅氏亦請胡適設法。那時一個剛畢業的青年要謀雙份工作也不易，於是胡適便允諾：自己每月資助先生30元。其實那時他與先生並無深交，能如此熱情相助，也許僅是出於愛才之故，其品德之高尚由此可見一斑。先生在答謝胡適的信中寫道：「我的職事，承先生安排，使我求學與奉職，融合為一，感不可言。薪水一事，承志希說及先生的厚意，更是感激。但這三十元，借是必要的，送是必不要的。」先生在畢業前夕考慮以後的職業時，迫切渴望得到一個於自己學問上可以進步的職業，否則就失去了生活的意義而無異於「行屍走肉」；現在能如願以償，並且經濟上亦無後顧之憂，自然對胡適的這種知遇之恩會「感不可言」了。他的機遇的確是好，假如當其風華正茂的歲月，未逢蔡元培、胡適和北大的扶助，他哪裡會有日後那麼大

10　1920年5月31日信，《胡適來往書信選》上冊，中華書局，1979，第54-55頁。書中誤將此信列入1919年。

的成就呢？

　　就《新潮》的出版來說，以先生之力並未維持下去，因《新潮》社中能作文的成員幾乎都出國留學，加之蔡校長此時因五四運動受當局鎮壓已被迫離校，《新潮》經費無著，工作難以開展，不久便停刊了。在這一事上，先生不免愧對羅家倫等人之期望；然而在治學之事上，他著實取得了令好友刮目相看的成績。

　　那年秋天，胡適的《〈水滸傳〉考證》發表。《水滸》故事在傳說、雜劇、小說裡原有種種的不同，好像沒方法理清的一堆亂絲，現經他的考證，理出一個頭緒，使先生始知一部小說的版本問題竟會如此複雜，故事的來歷和演變又有如此多的層次，這是在以往學者的文章中從未見過的。先生回想起以前做戲迷時的體驗，因戲劇裡的故事與小說、正史相比較極為錯亂，自己曾為找不到整理的方法而苦惱，現在恍然大悟，覺得用了這種方法可以探討的故事真不知有多少。同時又想起這年春間胡適發表的辨論「井田」的文章，其方法正和《水滸》的考證一樣，可見研究古史也盡可以應用研究故事的方法。先生觸類旁通，由此悟到：

　　我們只要用了角色的眼光去看古史中的人物，便可以明白堯舜們和桀紂們所以成了兩極端的品性，做出兩極端的行為的緣故，也就可以領略他們所受的頌譽和詆毀的積累的層次。只因我觸了這一個機，所以驟然得到一種新的眼光，對於古史有了特殊的瞭解。[11]

11　　《古一序》，第41頁。

關於這一點，在下一章還要詳細談到。總之，如先生所說，從胡適的論文中他深摯地瞭解並承受了研究歷史的方法，更使其發生一種自覺心，「知道最合我的性情的學問乃是史學」。[12]這樣，先生終於成為胡適的入門弟子。

那時因先生在圖書館工作，胡適常來信請他代為搜集作文的資料，又常將文稿先送給他看並請作補充，比如作《〈紅樓夢〉考證》時即是如此。胡適認為《紅樓夢》是個別作家的創作，不同於《水滸》那種長期演變而成的歷史小說，研究此種小說，應該用一般歷史研究的法則，即根據可靠的版本與可靠的資料，考訂真正作者的身世及其社會背景和生活狀況，考訂此書的版本。向來研究《紅樓夢》的人都走錯了路，以為此書是描述帝王家的秘聞，只做了許多穿鑿附會。先生讀此文後又一次「深切地領受研究歷史的方法」，[13]並且遵胡適補充資料之囑，從各種志書及清初人詩文集裡尋覓出曹雪芹的身世及曹家的情形，以後北大同學俞平伯也加入此項工作，一起討論高鶚續書的是非。這項工作不僅使先生感受到「一向希望的辨論學問的樂趣」，[14]而且領悟到胡適的研究意圖──他以歷史考證的方法來處理小說，與其說是出於個人的興趣，不如說一是為了向人們證實學問是平等的，一部小說與一部聖經賢傳在學問上有同等的地位；二是為了告訴人們科學的研究方法：撇開一切先入的成見，搜求證據，尊重證據，由證據而得出合乎邏輯的結論。唐德剛在《胡適口述自傳》譯注中說：「把小說當成一項『學術主題』來研究，在中國實始於胡適！」[15]

12　《古一序》，第40頁。
13　《古一序》，第46頁。
14　《〈紅樓夢辨〉序》，轉引自《年譜》，第63頁。
15　此書第270頁。

這話並不為過。特別是由於他對「《紅樓夢》的考證工作已和現代中國學術的主流──從乾嘉考據學到『五四』以後的整理國故─匯合了」,[16]故而開創了「新紅學」的研究。胡對於幫助他開創這一嚴肅的專門之學的兩位學生,直至晚年仍不能忘懷:1957年因看到一本俞氏《紅樓夢辨》而寫下「紀念頡剛、平伯兩個《紅樓夢》同仁」。[17]可他也許無法想像,大洋彼岸的兩個學生當時對他卻只有批判之舉而難有懷念之情了。此是後話,在此不必多說。應當指出的是,先生初入胡適之門所從事的這一工作,實是為日後的研究進行了一次方法上的訓練。

1920年秋,先生將《清代著述考》稿本送胡適參閱。胡適看後很欣賞,認為先生抓到了「這三百年來的學術研究的中心思想」,[18]但其中未列入姚際恒的著述,故來信詢問之,認為姚氏能作《九經通論》,是一個很大膽的人,應當表彰。如前所述,先生早在中學時就已受到姚氏《古今偽書考》巨大的衝擊,姚氏不但敢批判宋代的學術權威朱熹,而且敢批判漢代的學術權威鄭玄,不但敢疑「傳、注」,而且敢疑「經」,只因其學術思想離傳統的觀念太遠,所以在清代學者保守的空氣裡總落在最倒楣的地位。他的著作雖然認真寫出來,人們卻不敢接受,他的家人也不敢刻出,於是就散失了,因此當時先生除了這寥寥數十頁的《古今偽書考》之外未發現其他,編寫《清代著述考》時便未列入。現經此一詢,就用了近半月時間在圖書館查找,才在乾隆《浙江通志》裡找到《九經通論》的總目,知其共170卷,

16　章清:《胡適評傳》,百花洲文藝出版社,1992,第195頁。
17　見《胡適紅樓夢研究論述全編》書首,上海古籍出版社,1988。
18　《我是怎樣編寫〈古史辨〉的?》,《古一》書首,上海古籍出版社版。

分存真（百餘卷）、別偽（廿餘卷）兩類。這樣偉大而勇敢的一部大書竟在當時的壓制下湮沒了，先生立志為之尋找，並把所查到的情況函告胡適。次日，胡適即來函囑先生標點《古今偽書考》，這一來是知道先生「對於這種事的興趣是最濃厚的」，二來也是知道先生生計不寬裕，標點書籍出版，這是「工讀的一個好法子」。[19]並且胡還在先生所附舊作《〈古今偽書考〉跋》後批道：「我主張，寧可疑而過，不可信而過。」[20]他這種「存疑主義」使先生頗為傾心。

11月下旬，先生著手標點此書，薄薄的幾十頁本來用一二天工夫就可完成，但出於求全之心，想對於他徵引的書都去注明了卷帙、版本，對於他徵引的人都去注明了生卒、地域。不料有的查不到，有的雖是查到，然而根上還有根，一本極薄的書就牽引到無數書上，不但自己的書不夠用，連學校圖書館的書也不夠用，於是就天天上京師圖書館去。作了一二個月，注解依然沒作成，「但古今來造偽和辨偽的人物事蹟倒弄得很清楚了，知道在現代以前，學術界上已經斷斷續續地起了多少次攻擊偽書的運動，只因從前人的信古的觀念太強，不是置之不理，便是用了強力去壓服它，因此若無其事而已。現在我們既知道辨偽的必要，正可接收了他們的遺產，就他們的腳步所終止的地方再走下去」。[21]於是先生想把前人的辨偽成績算一個總帳，不願意僅僅注釋《古今偽書考》，而是發起編輯《辨偽叢刊》。

那時，胡適買到《崔東壁遺書》送來，他認為此書正合於辨偽之

19　胡適：《囑點讀〈偽書考〉書》，《古一》，第5—6頁。
20　《古一》，第12頁。
21　《古一序》，第42頁。

用，其中《考信錄》有全部翻刻的價值，但崔氏太信經，「我們還須進一步著力」。[22]先生讀後大感痛快：「我真想不到有這樣一部規模弘大而議論精銳的辨偽的大著作已先我而存在！」[23]先生原先所作的辨偽工作，有許多是自以為創獲的，但在此書中已經辨證得明明白白了；尤其是崔述指出歷史上常有人好「以己度人，以今度古」，因而造成「世益晚則其採擇益雜」、「世愈後則其傳聞愈繁」的現象，雖然並未作進一步的闡述，但這一見解不久便成為先生「層累說」的起點。先生立志把此書標點印行。然而同時也見到崔述的缺陷：他雖駁斥了諸子百家中的傳說和神話，但信從經書裡的記載，糅雜了許多先入為主的成見，他著書的目的在於驅除妨礙聖道的東西，而把辨偽僅作為手段。先生要比他進一步，推翻他的目的，進行徹底的整理。

自從與胡適計畫《辨偽叢刊》之後，先生方始結識錢玄同。錢氏是北大的進步教員，常在《新青年》發表文章，幫助陳獨秀開風氣。先生久仰其大名，現在因其對《辨偽叢刊》表示贊同而得以相見，從此又得一良師。他們三人不斷來往商討，使該項工作日趨細密深入。先生在與錢氏的信中表明：

我的性情還是近於史學；因為想做史學，所以極要搜集史料，審定史料。為搜集史料，所以要做「目錄學」；為審定史料，所以要「辨偽」。這「辨偽」的一個意思，竟與先生宗旨不謀而同，快極。[24]

22　胡適：《告得〈東壁遺書〉書》，《古一》，第19頁。
23　《古一序》，第45—46頁。
24　《論辨偽工作書》，《古一》，第26頁。

並認定「辨偽」應不受家派的節制。錢氏覆信極表贊成，且以為「不但歷史，一切『國故』，要研究它們，總以辨偽為第一步」。[25]同時提出了經學中的辨偽問題，主張打破今古文的「家法」來進行，開闊了先生的視野。起初先生作辨偽工作時，專注目於偽史和偽書上，現方感到經書的本身和注解中確有許多應辨之處。

胡、錢二人提起先生編集辨偽材料的興趣，鼓勵他大膽假設，胡適稱自己的古史觀是：「先把古史縮短二三千年，從《詩三百篇》做起。將來等到金石學、考古學發達上了科學軌道以後，然後用地底下掘出的史料，慢慢地拉長東周以前的古史。」[26]錢玄同認為辨「偽事」比辨「偽書」更重要，崔東壁、康有為、崔適諸人考訂「偽書」之識見不為不精，只因被「偽事」所蔽，竟有他們據以駁「偽書」之材料比「偽書」還要荒唐難信的。[27]先生當時也由「偽書的偽史」而及「真書的偽史」上去了。[28]這樣，三人的目標不期而然地集中到「偽史」上，先生預感到「偽史」壽終有日了，他說：「以胡、錢兩先生的大膽，我亦追隨其間，恐怕中國偽史的命運，就要壽終在這幾年了。數千年欺人的塵霧，廓清有日，不禁大快！」[29]自當年讀了《孔子改制考》，先生對康氏「上古事茫昧無稽」之觀點極為服膺，經過了五六年的醞釀，至此始有推翻古史的明瞭的意識和清楚的計畫。他的「偽史考」分三部分：第一是「偽史源」，要逐件地去考偽史中的事實是從哪裡起來的，又是怎樣變遷的；第二是「偽史對鞫」，要逐件地去

25　錢玄同：《論今古文經學及〈辨偽叢書〉書》，《古一》，第29頁。
26　胡適：《自述古史觀書》，《古一》，第22頁。
27　錢玄同：《論近人辨偽見解書》，《古一》，第24頁。
28　《〈偽史例〉第一冊序》，轉引自《年譜》，第60頁。
29　《〈偽史例〉第一冊序》，轉引自《年譜》，第61頁。

考偽史中的事實，各個人是如何說的，把他們的話相比較，使其謊話無可逃遁；第三是「偽史例」，造偽的人雖彼此說得不同，但可尋出他們造偽的義例來。

那時先生排列過幾個表。一個是依了從前人的方法編排史目，看書上說的什麼時代就放在什麼時代，例如置《三五歷年記》、《春秋命曆序》於太古，置《堯典》、《舜典》、《皋陶謨》於唐虞，置《逸周書》、《穆天子傳》於西周；一個是依了現在的眼光編排史目，看它們在什麼時代起來的就放在什麼時代，例如置《虞夏書》於東周，置《易傳》、《竹書紀年》於戰國秦漢間，置《命曆序》、《五帝德》於漢……這兩個表實在是平平無奇，但比較看時，便立刻顯出衝突的劇烈和漸次增高的可驚了。這使先生明白：「以前人看古史是平面的，無論在哪個時候發生的故事，他們總一例的看待，所以會得愈積愈多；現在我們看古史是垂線的，起初一條線，後來分成幾條，更後又分成若干條，高低錯落，累累如貫珠垂旒，只要細心看去就分得出清楚的層次。」[30]因此，他對於古史的來源有了較深的認識。

先生要將鄭樵的《詩辨妄》收入《辨偽叢刊》，此書批評齊、魯、韓、毛、鄭五家「詩說」，但不幸失傳。在設法從各種書裡輯錄之時，一方面見到鄭樵立論的勇敢，他說《詩經》可信，然而不必字字可信，以為此書主在樂章，而不像那些「詩說」所附會的褒貶、美刺等意，這就啟發了先生對《詩經》的懷疑；另一方面由於翻讀宋以後人的經解很多，對於漢儒的壞處也見到不少。接著又點讀漢儒的

30　《古一序》，第45頁。

「詩說」，自然處處感到他們的誤謬；再讀《詩經》的本文，也敢用數年來在歌謠中得到的見解作比較的研究了。

以後錢玄同經常與先生談論經學問題，錢是章太炎與崔適的學生，兼通今古文而又對今古文均不滿意，認為古文是假的，今文是口說流傳而失其真的，所以今文家攻擊古文經偽造，這話對；古文家攻擊今文家不得孔子的真意，這話也對。他指出：今天我們該用古文家的話來批評今文家，又該用今文家的話來批評古文家，把他們的假面目一齊撕破，方好顯露出他們的真相。當許多經學家在今古文問題上長期鬥爭之後，錢氏這番話是一個極其銳利、透徹的批評，使先生知道「倘使不用了信仰的態度去看而用了研究的態度去看，則這種迂謬的和偽造的東西，我們正可以利用了它們而認識它們的時代背景」。[31]前面說過，先生曾想如清代學者一般治經學，然而總得不到一個治學的目標，雖上了崔適兩年《公羊學》課而不得其要；現在從錢氏那裡認清了自己治學的目標—研究經學不是要延長其壽命，乃是要促使其死亡，「使得我們以後沒有經學，而把經學的材料悉數變成古代史和古代思想史的材料。所以董仲舒和房京等是系統的經學的開創者，而我們乃是經學的結束者」。[32]這番豪言壯語以後落實在先生一生的研究中。那時先生致錢信裡，首次提出：「『《六經》皆孔子之作品』一個觀念，現在也可駁倒了。」[33]

先生晚年在《我是怎樣編寫〈古史辨〉的？》一文中，總結自己

31　《中國上古史研究課第二學期講義序目》，《古史辨》第5冊（以下簡稱《古五》），第259頁。
32　《我的治學計畫》，刊同前。
33　《論孔子刪述〈六經〉說及戰國著作偽書書》，《古一》，第42頁。

所受疑辨傳統的影響時，說道：

崔東壁的書啟發我「傳、記」不可信，姚際恒的書則啟發我不但「傳、記」不可信，連「經」也不可盡信。鄭樵的書啟發我做學問要融會貫通，並引起我對《詩經》的懷疑。所以我的膽子越來越大了，敢於打倒「經」和「傳、記」中的一切偶像。我的《古史辨》的指導思想，從遠的來說就是起源於鄭、姚、崔三人的思想，從近的來說則是受了胡適、錢玄同二人的啟發和幫助。

胡適主要給他研究整理的方法，錢玄同主要給他研究整理的目標。

在此我們還必須提到先生在治學上所受王國維的影響。1921年春，北大設立研究所國學門，馬裕藻、沈兼士二人招先生任助教。這裡的工作對先生很有吸引力：看書比在圖書館還要方便，再有舊存的古物和新集的歌謠也彙集到一處，使他常常翻弄到夜晚。在當時所翻的書中，最使他受益者是羅振玉和王國維的著述，從中始見到商代的甲骨文字和他們的考釋，始見到近20年中新發現的北邙明器、敦煌佚籍、新疆木簡的圖像，始知道他們對於古史已在實物上作過種種的研究。他們「求真的精神、客觀的態度、豐富的材料、博洽的論辨，這是以前的史學家所夢想不到的」。從此先生的眼界又得一廣，「知道要建設真實的古史，只有從實物上著手的一條路是大路，我現在的研究僅僅在破壞偽古史的系統上面致力罷了」。[34]次年，先生在滬初謁

34　《古一序》，第50—51頁。

王氏，又與之通信討論《尚書》。先生稱其為「我學問上最佩服之人」[35]，可見他心中的欽敬之情。後來因溥儀出宮，王氏不再任其老師，生計無著，對此先生十分關切，考慮到當時清華大學要成立國學研究院，便請胡適設法將王氏介紹進去。1927年，王自沉於昆明湖後，先生感到震驚，為失去「中國學術界中唯一的重鎮」而無比痛心，在悼念文章裡指出，王對於學術界的最大功績，就是「經書不當作經書（聖道）看而當作史料看，聖賢不當作聖賢（超人）看而當作凡人看；他把龜甲文、鐘鼎文、經籍、實物，作打通的研究，說明古代的史跡」，他是一個「舊思想的破壞者」，他的學問是「新創的中國古史學」。文中又說到自己受王的影響，知道治學要「怯」，要「細針密縷」。[36]以後先生的研究中，的確經常引用甲骨文金文材料，尤其是在《尚書》研究中，雙重證據法之應用、「疏證之詳明精確與綿密細緻更在王國維之上」。[37]不過應該指出的是，儘管先生明瞭考古學對於古史研究的重要性，也很想深入其中，但畢竟出於專長及興趣所在（先生早年對其祖父的文字學書籍便未感興味，祖父終日鉤模古銘、椎拓古器的工作從未引起他模仿的熱忱），主要還是在載記上致力，對於地下的發掘只是利用其成果而已。

1922年，先生因祖母病重而請長假歸蘇，為商務印書館編纂《現代中學本國史教科書》，桀驁不馴的天性使他不可能走以前編書的老路，而是要作成自己一家之言。上古史方面，三皇五帝的系統當然要推翻，但考古學在當時剛剛開頭，遠不能得到簡單的結論，考慮的結

35　1924年3月31日日記，轉引自《我是怎樣編寫〈古史辨〉的？》。
36　《悼王靜安先生》，《文學週報》276期，1928。
37　許冠三：《新史學九十年》，香港中文大學出版社，1986。

果只有把《詩經》、《尚書》、《論語》裡的上古史材料整理出來。一經著手，就發現問題，他說：

　　我便把這三部書裡的古史觀念比較看著，忽然發見了一個大疑竇──堯、舜、禹的地位問題！《堯典》和《臯陶謨》我是向來不信的，但我總以為是春秋時的東西；哪知和《論語》中的古史觀念比較之下，竟覺得還在《論語》之後。我就將這三部書中說到禹的語句抄錄出來，尋繹古代對於禹的觀念，知道可以分作四層：最早的是《商頌・長髮》的「禹敷下土方……帝立子生商」，把他看作一個開天闢地的神；其次是《魯頌・門必宮》的「後稷……奄有下土，纘禹之緒」，把他看作一個最早的人王；其次是《論語》上的「禹、稷躬稼」和「禹……盡力乎溝洫」，把他看作一個耕稼的人王；最後乃為《堯典》的「禹拜稽首，讓於稷、契」，把後生的人和纘緒的人都改成了他的同寅。堯、舜的事蹟也是照了這個次序：《詩經》和《尚書》（除首數篇）中全沒有說到堯、舜，似乎不曾知道有他們似的；《論語》中有他們了，但還沒有清楚的事實；到《堯典》中，他們的德行政事才燦然大備了。因為得到了這一個指示，所以在我的意想中覺得禹是西周時就有的，堯、舜是到春秋末年才起來的。越是起得後，越是排在前面。等到有了伏羲、神農之後，堯、舜又成了晚輩，更不必說禹了。我就建立了一個假設：古史是層累地造成的，發生的次序和排列的系統恰是一個反背。[38]

38　《古一序》，第52頁。

這樣，一個大膽的科學假說便誕生了，以余英時的話說，「層累說」「第一次有系統地體現了現代史學的觀念」，「是文獻學上一個綜合性的新創造」，[39]所以不久就在史學界產生了革命性的震盪。

次年2月，錢玄同來一長信，論《詩》說及群經的辨偽，並邀先生為北大《國學季刊》撰稿，使此刊多些「離經叛道」「非聖無法」之材料。先生接讀這封痛快淋漓的信後很感興奮，覆信中便把一年來所積的古史見解寫出了一個大概。4月中，胡適來滬，為所編《讀書雜誌》約稿，囑先生趕作一文，先生因給錢氏的信寄出已兩月，而未得回音，想借此催上一催，就把致錢氏信中論古史的一段加按語在《讀書雜誌》第九期發表，這即是著名的《與錢玄同先生論古史書》。按語中說明，自己兩年來蓄意要比崔述更進一步辨古史，「我們要辨明古史，看史跡的整理還輕，而看傳說的經歷卻重。凡是一件史事，應當看它最先是怎樣的，以後逐步的變遷是怎樣的」。並進一步解釋了「層累地造成中國古史」的意義：第一，「時代愈後，傳說的古史期愈長」；第二，「時代愈後，傳說中的中心人物愈放愈大」；第三，「我們在這上，即不能知道某一件事的真確的狀況，但可以知道某一件事在傳說中的最早的狀況」。

緊接著，先生又致錢氏一信，希望其把辨偽的見解公開在《讀書》上發表，因「我們說起了辨偽已有三年了，卻沒有什麼成績出來，這大原故由於沒有什麼發表，可以引起外界的辨論和自己的勉勵」。先生說：「如能由我這一封信做一個開頭，繼續的討論下去，

39　余英時：《顧頡剛、洪業與中國現代史學》，《明報月刊》1981年5月號。

引起讀者的注意，則以後的三年比過去的三年成績好了。」[40]他是何等地期望通過公開討論來增進學問啊！果然不出預料，錢氏在《讀書雜誌》第十期上發表了很長的答覆，認為先生的「層累說」「精當絕倫」，並論及許多《六經》的真相和孔子與《六經》的關係。這之後，劉掞藜、胡堇人二人就寫文來痛駁，於是，一場關於古史的大論戰展開了，由此而產生的「古史辨學派」登上了中國學術舞臺。

先生在《答劉胡兩先生書》中，提出推翻非信史必須打破四項傳統觀念：一、打破民族出於一元的觀念；二、打破地域向來一統的觀念；三、打破古史人化的觀念；四、打破古代為黃金世界的觀念。時至今日，這「四個打破」已經成為常識而被人們所接受。先生在討論告一段落時認為，中國的古史全是一篇糊塗帳，「即使不能邊得結論，但經過了長時間的討論，至少可以指出一個公認的信信疑疑的限度來」，因此希望雙方「應該各照著自己的信仰」，深入研究下去。[41]胡適在次年為這場古史討論作總結時亦說道：討論的雙方均在「尋求證據」以辨明古史真相，「這回的論爭是一個真偽問題；去偽存真，絕不會有害於人心」。他不同意當時一些人對先生「忍心害理」的指責。出於實事求是的態度，他鮮明地站在了先生與錢氏一邊，指出「層累地造成的古史」「真是今日史學界的一大貢獻」，又指出「用歷史演進的見解來觀察歷史上的傳說」，這是先生此次討論古史的根本見解和根本方法，這個根本觀念是顛撲不破的，這個根本方法是愈用愈見功效的。同時胡批評了劉氏治史的「察傳」的態度和「參之以

40　1923年4月28日信，《學習》1994年第6期。
41　《啟事三則》，《古一》，第187頁。

情、驗之以理、斷之以證」的方法，指出以情度人的危險，以頭腦中的理去驗事物更危險，以情與理揣度古史而後「斷之以證」同樣危險。[42]這表明了胡適對於先生的獎掖之心，也正因為有了他的支持，以先生為主的疑古學派才能在中國學術界站穩腳跟。

儘管先生的研究工作還有許多的缺點，儘管他這種石破天驚的議論在當時「違抗了世人公認的思想」而遭到各種激烈的批評，但那種不肯隨便聽信他人的話的堅強性格以及那種強烈的求知欲望使他勇敢前行，幾年後當他將此次古史論辯的有關篇章集結為《古史辨》第一冊出版時，在書首赫然引錄了羅丹《美術》序文中的一段話來表白自己的心跡：「要深徹猛烈的真實。你自己想得到的話，永遠不要躊躇著不說，即使你覺得違抗了世人公認的思想的時候。起初別人亦許不能瞭解你，但是你的孤寂絕不會長久，你的同仁不久就會前來找你，因為一個人的真理就是大家的真理。」事實也正是如此，先生去偽求真的信信疑疑的精神逐步被人們所接受，在這次討論之後，中國人頭腦中歷代相傳的「自從盤古開天地，三皇五帝到如今」的觀念逐漸動搖了。即使是當時批評他「半由於誤用默證，半由於穿鑿附會」的張蔭麟後來著《中國史綱（上古編）》時，也不講三皇五帝而是從有文字記載的商代講起了。

42　　胡適：《古史討論的讀後感》，《古一》，第189—196頁。

第三章

畢生輝煌的古史研究

3.1 在實踐中精熟的古史研究方法

綜觀先生一生的學術研究所運用的方法，的確有獨特之處。許冠三《新史學九十年》一書中將胡適與先生歸入「方法學派」，可謂獨具慧眼。胡適一生都在提倡方法學，這在近現代學人裡恐怕是絕無僅有的。先生受其「歷史演進的方法」的影響，再加上自己無意中得到的故事的暗示，終於有了一種嶄新的眼光來看待以往的古史材料，造就了他震撼史壇的「層累說」。不過，正如許氏所說，在歷史演進法的使用上，先生與胡適的根本差異在於：「胡以研究歷史的眼光和方法去研究故事；顧則反其道而行，以研究故事的眼光和方法去研究歷史。其次，便是胡法的根基在版本源流；而顧法的根本在故事演變和角色塑造。」[1]

首先來看「歷史演進法」，它應用於史料考訂上，即是依資料出現的先後排列，以考其源流、辨其真偽優劣，這原是中國舊學的傳統。先生不僅繼承了這個傳統，而且有所突破，「最重要的是」「把古代一切聖經賢傳都當作歷史的『文獻』來處理」，[2]沒有「經書即信史」的成見。就中國上古史領域來說，大量的古史傳說資料（如三皇、五帝等）難以在考古學上得到直接的證明，於是先生主張：將散見於各種文獻中的有關記載一一按其出現的先後排列起來，看其是如何演變的，並依了各時代的時勢去解釋其演變，這種考辨工作對於整理我國早期文獻中所記載的古史是有益的、科學的。先生由此不僅得出了著名的「層累說」，推翻了歷代相傳的三皇五帝系統，使人不再

1　　《新史學九十年》，第178頁。
2　　余英時：《顧頡剛、洪業與中國現代史學》，刊同前。

盲目相信從前人關於古史的各種記載；而且揭示了古史中神話傳說演變的特徵——「由簡單變為複雜，由陋野變為雅馴，由地方的（局部的）變為全國的，由神變為人，由神話變為史事」。[3]再者它應用於史事解說上，即是打破以往「古代為黃金世界」的觀念，知道後世文明遠過於古代，凡同類事物以後出者為優；也即是說，人性愈濃並且系統愈完備之古史，當愈為後出。現從先生當年的研究中舉例說明：如他將《尚書》裡有關古史的話摘出比較，知道西周人的古史觀念實在只是神道觀念，這與後出的《堯典》等篇的人治觀念是迥然不同的；那時所說的「帝」都指上帝，如《呂刑》中的「皇帝」即是「上帝」的同義詞，而《堯典》等篇以「帝」為活人的階位之稱，這是其後出的一個最明顯的證據。又如「苗」，《尚書》中有七處說到他們，可分作三個時期來看，首為《呂刑》，在這一時期中，苗民的結果何等不幸，因作亂而遭上帝的滅絕；次為《堯典》、《皋陶謨》、《禹貢》，在這一時期中，他們雖失掉了居住的自由，還無妨於生活，這個刑罰就輕鬆得多；末為《偽古文》的《大禹謨》，在這一時期中，舜大布德化，苗民自動來降服，雙方都美滿到沒有一絲火氣了。於是先生從這種變遷看出古人的政治觀念：「在做《呂刑》的時候，他們絕想不到有這樣精微的德化；在做《大禹謨》的時候，他們也忘卻了那個威靈顯赫的上帝了。」這種觀念的變遷，「就是政治現象從神權移到人治的進步」。以此例來看古史結構的層次，先生便得到「一個親切的理解」。[4]他的疑古辨偽是立體地、一層一層地分析史料的形成時代，然後通過其分析進而確定每一層文獻的歷史涵義，因此並不是如一般

3　胡適：《古史討論的讀後感》，《古一》，第193頁。
4　《古一序》，第53頁。

人所誤解的那樣他專以破壞古史、摧殘民族自信心為職志，而是袪疑以堅信，去偽以存真。

　　再來看「故事的眼光」和「角色的眼光」。先生以研究故事的方法研究古史，尤其是對於某些傳說成分特多的古史，以故事的眼光解釋其構成的原因，確是獨闢蹊徑。其實，這也是演進法的變種。比如從孟姜女故事如何「隨順了文化中心而遷流，承受了各地的時勢和風俗而改變，憑藉了民眾的情感和想像而發展」，如何由蘊含十分豐富的神話意味到後來清代《廣列女傳》中作為人性化的史實記載，便可瞭解古史的演變亦有類似之處，「現在沒有神話意味的古史」原是文人學者從「神話的古史中篩濾出來的」，如禹由傳說中的神變成古史中的王。所以若把《廣列女傳》的敘述看作孟姜女的真事實，而把唱本、小說、戲曲……中所說看作怪誕不經之談，「固然是去偽存真的一團好意，但在實際上卻本末倒置了」。[5]明白了這一點，就可看出傳說中的古史真相，而不至再被學者們編定的古史所迷誤。另外，對於古史中一些典型人物，先生也盡用「角色的眼光」去考察。因為戲中人的好壞是最容易知道的，這只要看他們的臉相便可；而從古書中分別好人壞人也與看戲一樣的容易，因為書中處處是從好壞上著眼描寫的，它雖沒有列生淨丑的臉相，但自有生淨丑的類別，它把歷史上的人物統分成幾種格式，從中只見人的格式而不見人的個性，就如戲園中楹聯上寫的「堯、舜生，湯、武淨，五霸、七雄丑末耳」一樣。先生曾以商紂王為例來論證，把《尚書》（除《偽古文》）中紂的罪惡列出，便可看出其最大的罪名是酗酒，因而不理朝政，把國家亡掉。

5　　《古一序》，第68—70頁。

這至多是庸人的愚昧，並沒有奇怪的暴虐；何況周朝人對於紂的指斥，只須看作一種興國對於亡國的循例之言。然而以後各代不斷增加他的罪狀，以至成了《封神榜》中這般的暴君，其實均出於他所處的「身死國亡」的惡劣地位，則他成為一個罪惡所歸的偶像自然是不足為怪的事了。由此可知，這些傳說中的古史是何等的不可信，先生希望「大家把它當作《徐文長故事》一類書看，知道古代的史實完全無異於現代的傳說：天下的暴虐歸於紂與天下的尖刻歸於徐文長是一樣的」。[6]

在這裡，我們可以看出民俗學對於先生考辨古史的重要性，借助民俗學的研究方法，他大膽懷疑古史，並對古書記載中相互衝突的古史傳說進行合理的解釋。1924年在《我的研究古史的計畫》中，先生明確指出：「經籍器物上的整理，只是形式上的整理；至於要研究古史的內部，要解釋古代的各種史話的意義，便須應用民俗學了。」這段話至少表達了兩層意思：一是把史料學作為自己學問的立足點。在他看來，古人原無神話傳說與史實之分，因為「這些東西都是在口耳之間流傳的」，直至漢代以後，因書籍的普及才把二者分開；因此原先的遷流過程就是尚好的史料，從中不但可以理出當時人的古史觀念，而且可以據此看出它的背景—當時的社會制度和思想潮流。二是意在把民眾心中的古史鉤稽出來。因為那些歷來不被學者注意的神話傳說，自漢代以後大多被摒棄於歷史的範圍以外，而以各種不同形態與媒介出現在民間，這正是學問上一塊大有作為的廣闊天地。接著他具體談到使用民俗學方法的原因：「古人的善惡這般的截然分殊（如

6　《紂惡七十事的發生次第》，《古二》，第92頁。

桀、紂、堯、舜），古人的能力這般的無窮偉大（如禹、黃帝），古人的境遇這般的十分奇特（如後稷、舜）；我們還是相信它呢？還是不相信它呢？」信它，「是愚」，因它在事實上不確；駁它，是「廢話」，因它在民眾的想像裡存在；解釋它，也「無非是鍛煉」，因民眾的想像原不能與我們的理性相合，以理性去解釋總離不開錘煉；所以明智的態度該是以故事的眼光去探求「它們在當時傳說中的真相」。[7]次年，先生又在《答李玄伯先生》中重申此意，說明：「我用了這個方法看古史，能把向來萬想不通的地方想通，處處發見出它們的故事性（如孟姜女既為杞人，又為同官人，又為澧州人，又為華亭人，即可說明舜既為東夷人，又為冀州人），所以我敢大膽打破舊有的古史系統。」[8]他以故事的眼光去從事古史辨偽，自然地走上從古史還原神話的道路，開拓了我國的神話學研究。

另外，先生以數年來在搜集、整理歌謠中得到的見解對《詩經》進行比較研究，其方法之新穎、成果之巨大，亦是被學術界公認的。他借研究民歌和兒歌，揭穿儒者對《詩經》的曲解，還其古代詩歌總集的真相；並辨明《詩經》上所錄詩篇全部為樂歌。這些論斷，已成為現代學術界所接受的「不可移易的定論」。[9]先生對民俗學的偏愛，在史學家中確是「前無古人」。[10]

「演進法」和「故事的眼光」導致先生把「傳說的經歷」看得比

7　《古一》，第214—215頁。
8　《古一》，第273頁。
9　夏傳才：《詩經研究史概要》，中州書畫社，1982，第229頁。
10　許冠三：《新史學九十年》，第181頁。

「史跡的整理」還重要，[11]「這是中國傳統考證學者在歷史意識方面從來沒有達到的高度」。[12]也即是說，他對古史研究的重點「不在它的真相而在它的變化」，並且要「依據了各時代的時勢」來解釋其變化，解釋「各時代的傳說中的古史」。[13]比如伯夷，此人究竟如何，現不得而知。但春秋時代人愛講修養，人格的陶冶以君子為目標，所以《論語》說伯夷不念舊惡，不肯降志辱身；而戰國時代君相風行養士，士人也紛紛尋求主人，所以《孟子》說他聽到文王有了勢力，便欲去投奔；待秦皇統一之後，忠君的觀念大盛，所以《史記》說他叩馬諫武王，義不食周粟而餓死了。又如孔子，一生不曾大得志，主要從事教育，及門弟子很多，以後弟子再收弟子，造成極大的勢力—儒家，故他的思想廣為宣傳，他的人格格外偉大。但從《論語》「可知他修養的意味極重，政治的意味很少」，[14]他是自居於君子的。自春秋末期至戰國末期，終年征戰，天下無道，人們希望有一個傑出的人出來收拾時局，因此把孔子舉為聖人，以施行他的教化來救濟天下。孔子本是一個很切實的人，從不語「怪、力、神、亂」，但以君子自待的孔子固可持這種態度，而以聖人待他的一班人卻不能如此，於是《左傳》、《國語》便有了他未卜先知的傳說。到了西漢，緯書簡直把他浸入怪力神亂的醬缸裡去了，於是他成了黑帝之子，成了孔教的教主。但孔教原以西漢今文經學為依託，是一個未完工的宗教，隨著絕對不收神話材料的古文經學的興起，孔教的大本營就覆滅了，於是，東漢後的孔子又成了聖人，成了士大夫們的先師。時至今日，他又要

11　《古一》，第59頁。
12　余英時：《顧頡剛、洪業與中國現代史學》，刊同前。
13　《古一序》，第65頁。
14　《春秋時的孔子和漢代的孔子》，《古二》，第135頁。

恢復君子的真相了。

　　總之，先生的宗旨是要把古今的神話與傳說作系統的敘述，和學者所寫的古史並行，這就更可確定古史在古代的地位。在如何處理古史和神話的具體操作上，先生經過幾十年的實踐，於1964年作過一個精練的表述：「歷史資料用了拼合的方法來處理，把許多真而零碎的東西湊起來，使它成為系統的記錄；傳說資料則用了剝離的方法來處理，把這一故事的有意或無意的轉變順條順理地揭開，結合它的政治背景和社會背景，指出它所以轉變的原因。這就使得歷史和傳說各各恢復了它的本來面目，而不致真和偽雜糅，虛和實相乳。」[15]對於這種方法，先生確實達到運用自如的境界。

　　源於以上的方法，先生又發展出「偽史移置利用法」，即不以偽史之載記為所述先世之載記，而以之為該偽史或偽籍造作之世的遺物：

　　許多偽材料，置之於所偽的時代固不合，但置之於偽作的時代則仍是絕好的史料：我們得了這些史料，便可瞭解那個時代的思想和學術。[16]

　　例如《禹貢》上的九州，一般人認為是夏朝的制度。其實夏的地盤只占得黃河的一角，哪能有這樣偉大的計畫；若移置戰國，便可知九州乃是戰國的時勢引起的分割土地的一種假設，它是成立於統一的

15　1964年8月致中華書局負責同仁信。
16　《古史辨》第三冊（以下簡稱《古三》），《序》第8頁。

意志上的。例如《易傳》，放在孔子時代自然錯誤，我們自然稱它為偽材料；但放在漢初就可以見出那時人對於《周易》的見解及其對於古史的觀念了。又如《詩三百篇》，齊、魯、韓、毛四家把它講得完全失去了原樣，四家詩的解說在《詩經》的本身上當然毫無價值，但卻是極好的漢代倫理史料和學術史料。又如荒謬的讖緯，我們只要善於使用，正是最寶貴的漢代宗教史料。再如逞口而談古事的諸子，我們只要善於使用，正是最寶貴的戰國社會史料和思想史料。因此先生強調：

　　偽史的出現，即是真史的反映。我們破壞它，並不是要把它銷毀，只是把它的時代移後，使它脫離了所托的時代而與出現的時代相應而已。實在，這與其說是破壞，不如稱為「移置」的適宜。[17]

　　其實這個方法，當他開始辨偽工作時即已應用，無論是用前人和現在的兩種眼光編排史目，還是編中學教科書時探索堯、舜、禹的地位，均是如此。到了30年代，他更明確自己的努力目標是能「作成一個『中古期的上古史說』的專門家，破壞假的上古史，建設真的中古史」，也即是說，要通過研究戰國、秦、漢間人的「上古史觀念及其所造作的歷史」來作成「戰國、秦、漢的思想史和學術史」；[18]這也成為他畢生研究中堅持不變的主題思想——「對於戰國、秦、漢時代學說之批判」。因為他認為，戰國之世，百家爭鳴，「皆欲以己說易天下，為欲起人信念，必求證于古人；然彼時社會已與古代截然異致，

17　《古三序》，第8頁。
18　《古二序》，第6頁。

勢不得不強古人以就我」，於是乎古史古籍分歧甚多。而「所有古書無不為漢人所寫定，亦十九有漢人之注解」，漢人整理之功自不可沒，但各學派長期「強古人以就我」的訛誤積累，使古籍與古代史實矛盾重重。[19]也即是說，自戰國至漢的思想和學術是「造偽」的癥結所在，先生既以「辨偽」為己任，他的工作重心當然要放在此了。那時他曾立下壯志：「拿戰國之學來打破西漢之學，還拿了戰國以前的材料來打破戰國之學。攻進這最後兩道防線，完成清代學者所未完之工。」[20]

「移置法」在當時可以說是被學界認同的，梁啟超在《古書真偽及其年代》中明確指出，只要考證精確應用適宜，偽書也可成為寶貴的史料，「如《周禮》一書，雖然絕不是周公所作，是偽託的書；而那種精密的政制，偉大的計畫，是春秋以前的人所夢想不到的，可知必曾參考戰國時多數的政制，取長去短而後成書。……我們拿《周禮》當做周公時代的政制看，自然錯了，《周禮》也就毫無用處；若跟著《周禮》去研究戰國至漢初的政制，那麼，《周禮》再可寶貴沒有了」。[21]陳寅恪在《馮友蘭〈中國哲學史〉審查報告》中也說道：「真偽者，不過相對問題，而最要在能審定偽材料之時代及作者而利用之。蓋偽材料亦有時與真材料同一可貴。如某種偽材料，若逕認為其所依託之時代及作者之真產物，固不可也；但能考出其作偽時代及作者，即據以說明此時代及作者之思想，則變為一真材料矣。」[22]他們

19　《史林雜識小引》。
20　《古二序》，第7頁。
21　中華書局，1926年，第59頁。
22　轉引自吳俊：《魯迅評傳‧導論》，百花洲文藝出版社，1992，第22頁。

的看法亦證實了先生用「移置法」考辨古代史料的意義所在—從聖道王功的空氣中奪出真正的古文籍。

　　清代學者陳澧在《東塾讀書記》卷十中針對文公十三年《左傳》「其處者為劉氏」，孔《疏》謂「漢室初興，《左氏》不顯於世，先儒無以自申，插注此辭，將以媚於世」的解說，指出：「《左傳》有附益之說實昉於此。既可插此一句，安知其不更有所插者乎？……《左傳》不可通之說，指為後人附益，乃厚愛左氏，非攻擊左氏也。」先生對陳氏的態度極為讚賞，並把陳氏對《左傳》一書的見解推廣到所有古籍。他說：「我們辟《周官》偽，只是辟去《周官》與周公的關係，要使後人不再沿傳統之說而云周公作《周官》。至於這部書的價值，我們終究承認的。要是戰國時人作的，它是戰國政治思想史的材料。若是西漢時人作的，它便是西漢政治思想史的材料。又如我們辟《左傳》偽，也只要辟去《左傳》與孔子的關係，使後人不再說『左丘明與孔子俱乘傳如周，觀百二十國寶書』，以及『孔子作《春秋》，丘明為之《傳》』等話。至於它的歷史價值、文學價值，我們何嘗不承認。堪笑一般人以為我們用了劉逢祿、康有為的話而辨《左傳》，就稱我們為今文家。不知我們對於春秋時的歷史，信《左傳》的程度乃遠過於信《公羊傳》。我們所擯斥的，不過『君子曰』及許多勉強塗附上去的釋經之語，媚劉氏之語，證《世經》之語而已。」[23]他還認為做考辨工作，「絕不能把古書截然分成真、偽兩部分而取真棄偽，而是要逐一決定他的時代，使後一時代的仿作和偽作不再混亂了前一時代的真相。我們不但不願毀掉一部書，並且不願損失一個

23　《古史辨》第四冊（以下簡稱《古四》）《序》，第18—19頁。

字。」[24]

　　先生治古史還有一個特色，即把「多所見聞，以證古史」作為一種方法自覺使用。這首先與他強調民俗學的研究方法有關。因為當時民俗學的研究開展得不普遍，沒有多少現成書籍可以參考，要靠親自調查和實踐來獲得。比如20年代調查妙峰山香會，先生意在把香會所反映的民眾的欲望、組織的嚴密、想像的神奇都當作學問的對象，故而才產生強烈的親身搜集材料的興致。而且先生性好遠遊，認為「求學問是應該『讀萬卷書，行萬里路』，學問是在書裡，但更重要的是在實際生活裡」。[25]他從實際生活裡發現許多可以糾正前人成說的材料，「於是超出都市而進入農村，超出中原而至邊疆，以今證古，足以破舊而立新，較之清人舊業自為進步」。[26]抗戰時期巡遊西北、西南，以所見所聞證之古史，收穫甚豐。例如《禹貢》導山曰「西傾、朱圉、鳥鼠」，先生在甘肅遊鳥鼠山，探朱圉山之謎；並對歷來將《禹貢》導水所曰「導河積石」認作是青海大積石山之說法產生懷疑：若真如此，則其山更在西傾之上，《禹貢》導山何以不言？且真如此，則四千年前河源所在已明，何勞張騫探之於西域而有潛流之說？又何勞元代遣人窮源乃知其出於星宿海？適逢途經甘肅臨夏小積石山，遂證之《禹貢》「導河積石」必為此山而非今青海之積石山；只因後人地理知識超過《禹貢》，便將其所述由甘肅推遠至青海了。又如《禹貢》中「梁州」的命名久為先生所不解，以後到重慶，由所住的大樑子及附近的小樑子地勢之高而悟「梁」是山頭之稱呼，再想

24　《古籍考辨叢刊》第一集《序》。
25　《讀書、行路、求學問》，《光明日報》1961年8月12日。
26　《筆記》卷七，第4750頁。

起由西安乘飛機至成都，途中望見下面連綿不斷的山頭，故悟出此「華陽黑水」的梁州之名即由峰巒攢聚而來。再如春秋時陸渾戎和羌戎同自瓜州被秦迫逐東遷，晉人安頓了他們。瓜州所在自漢以來皆認為在敦煌，以其地出產好瓜而得名。先生懷疑此說：若真在敦煌，秦人就不能逐之，晉人亦不能近之；以為其必在離鳳翔不遠的秦嶺中。果然遇漢中來人，告以洋縣山中有被稱為「瓜子」之人，便以此證古之「瓜州」在秦嶺。另外，先生見到蘭州的牛皮筏由吹氣而成，西北的蒙古人相見輒互拍其馬股以誇馬好，遂悟語言中「吹牛」、「拍馬」二詞的由來；見到蒙古包的頂之中部所留的天窗孔，遂悟古語中「中」一詞的含義；見邊地遺堆而追溯古邊牆；見江上浮橋而明瞭古時造舟為梁及方舟而濟的意義；又60年代三至呼倫貝爾草原，以牛群的蓄養情況證之《詩經》「馬來牝三千」為古人大量蓄養牝牛馬。30年代末至40年代末寫的《浪口村隨筆》及60年代初由此改寫的《史林雜識》中，此類論述不勝枚舉，因而學術界評其為「中國民族考古學的最早專著」，[27]《史林雜識》也被稱為「由破多於立徐徐移往破立兼顧」的「仲介作品」。[28]先生對於現代史學的貢獻，不僅在於破壞，也在於建設，是破立相當的。

3.2　揭開新紀元的古史研究成果

先生運用以上所述諸種方法，在史學上取得突破性的創獲。首先，是1923年提出的「層累地造成的中國古史」說，以及判別古史可

27　汪寧生：《論民族考古學》，《社會科學戰線》1987年第2期。
28　許冠三：《新史學九十年》，第188頁。

信與否即推翻非信史的四項標準。「層累說」針對傳說中的古史提出三點看法：

　　第一，可以說明「時代愈後，傳說的古史期愈長」。如……周代人心目中最古的人是禹，到孔子時有堯、舜，到戰國時有黃帝、神農，到秦有三皇，到漢以後有盤古等。第二，可以說明「時代愈後，傳說中的中心人物愈放愈大」。如舜，在孔子時只是一個「無為而治」的聖君，到《堯典》就成了一個「家齊而後國治」的聖人，到孟子時就成了一個孝子的模範了。第三，我們在這上，即不能知道某一件事的真確的狀況，但可以知道某一件事在傳說中的最早的狀況。我們即不能知道東周時的東周史，也至少能知道戰國時的東周史；我們即不能知道夏、商時的夏、商史，也至少能知道東周時的夏、商史。[29]

　　四項標準是：

　　（一）打破民族出於一元的觀念。……我們一讀古書，商出於玄鳥，周出於姜嫄……楚、夔出於祝融、鬻熊（恐是一人），他們原是各有各的始祖，何嘗要求統一！自從春秋以來，大國攻滅小國多了，疆界日益大，民族日益併合，種族觀念漸淡而一統觀念漸強，於是許多民族的始祖的傳說亦漸漸歸到一條線上，有了先後君臣的關係，《堯典》、《五帝德》、《世本》諸書就因此出來。……我們對於古史，應當依了民族的分合為分合，尋出他們的系統的異同狀況。

29　《古一》，第60頁。

（二）打破地域向來一統的觀念。……《禹貢》的九州，《堯典》的四罪，《史記》的黃帝四至乃是戰國時七國的疆域，而《堯典》的羲、和四宅以交趾入版圖更是秦、漢的疆域。……看龜甲文中的地名都是小地名而無邦國種族的名目，可見商朝天下自限於「邦畿千里」之內。周有天下，用了封建制以鎮壓四國──四方之國──已比商朝進了一步，然而始終未曾沒收了蠻貊的土地人民以為統一寰宇之計。……自從楚國疆域日大，始立縣制；晉國繼起立縣，又有郡；到戰國時郡縣制度普及，到秦並六國而始一統。……所以我們對於古史，應當以各時代的地域為地域，不能以戰國的七國和秦的四十郡算作古代早就定局的地域。

（三）打破古史人化的觀念。古人對於神和人原沒有界限，所謂歷史差不多完全是神話。人與神混的……人與獸混的……獸與神混的……此類之事，舉不勝舉。他們所說的史固絕不是信史，但他們有如是的想像，有如是的祭祀，卻不能不說為有信史的可能。自春秋末期以後，諸子奮興，人性發達，於是把神話中的古神古人都「人化」了。人化固是好事，但在歷史上又多了一層的作偽……所以我們對於古史，應當依了那時人的想像和祭祀的史為史，考出一部那時的宗教史，而不要希望考出那時以前的政治史，因為宗教是本有的事實，是真的，政治是後出的附會，是假的。

（四）打破古代為黃金世界的觀念。古代的神話中人物「人化」之極，於是古代成了黃金世界。其實古代很快樂的觀念為春秋以前的人所沒有；所謂「王」，只有貴的意思，並無好的意思。自從戰國時一班政治家出來，要依託了古王去壓服今王，極力把「王功」與「聖道」合在一起，於是大家看古王的道德功業真是高到極頂，好到極

處。於是異於征誅的禪讓之說出來了，「其仁如天，其知如神」的人也出來了，《堯典》、《皋陶謨》等極盛的人治和德化也出來了。從後世看唐、虞，真是何等的美善快樂！但我們返看古書，不必說《風》、《雅》中怨苦流離的詩盡多，即官撰的《盤庚》、《大誥》之類，所謂商、周的賢王亦不過依天托祖的壓迫著人民就他們的軌範……所謂「受命」「革命」，比了現在的偽造民意還要胡鬧。……加以不歇的征戰，死亡的恐怖永遠籠罩著。……我們要懂得五帝、三王的黃金世界原是戰國後的學者造出來給君王看樣的，庶可不受他們的欺騙。[30]

　　這些看法提出以後，在史學界產生革命性的震盪，使當時無論史觀如何不同的人都無法不承認它在史學上所占的位置，傅斯年認為300年來較語言文字學發達尚少的史學考訂學一經先生之手便「登時超過」前者，先生在史學中的地位有如「牛頓之在力學，達爾文之在生物學」；郭沫若認為「層累說」「的確是個卓識」，「舊史料中凡作偽之點大體是被他道破了」。國外學者亦認為先生是現代中國史學的奠基人——「在中國，以西方歷史學和社會科學的概念和方法為基礎，扭轉歷史研究的方向，則以顧頡剛這位中國歷史學家的名字為標誌」。[31]他的工作「為創建中國現代歷史學奠定了第一塊基石」。[32]因此當時美國學者恒慕義（A.W.Hummel）便將《古史辨》第一冊《自序》譯為英文，以先生的古史辨論作為向世界介紹中國「新文化運

30　　《古一》，第99—102頁。
31　　傑佛瑞・巴勒克拉夫（Geoffrey Barraclough）：《當代史學主要趨勢》，上海譯文出版社，1987，第152頁。
32　　越特金（Р.В.Вяткин）語，轉引自劉起釪於：《顧頡剛先生學述》，第318頁。

動」的最好例證。並且，「層累說」從根本上推翻了2000多年來人們崇信的偶像，是向世代相傳的封建傳統觀念的有力挑戰，使社會上一批思想保守者畏之如洪水猛獸，因此它不僅具有重大的學術價值，而且具有反封建的重大的社會意義，引起人們思想的變革。先生對於這一點有透徹的認識，他說「研究學問只要目的在於求真，也是斬除思想上的荊棘」。「我自己知道，我是對於二三千年來中國人的荒謬思想與學術的一個有力的革命者。」[33]

70多年來，學術界不少人都認為先生在破除、掃蕩不科學不合實際的舊古史體系上甚有貢獻，而在建設可信的古史體系上則無大成績，甚至是導致了對古代歷史文化認識的空白。其實這是一種誤會。由以上揭穿舊古史系統真相的「層累說」以及從雜亂的古史材料中分出信史與非信史的四項基本觀念，完全可以反映出先生的疑古辨偽，其目的與結果仍在立信。他「所以有疑，為的是有信」：不先有所信，建立了信的標準，就無從疑辨；有了信的標準，方能「凡是不合於這標準的則疑之」。如上面所述，以民族言，多元說可信；以疆域言，其說愈不近似秦、漢帝國領域者愈可信；以古史傳說所含的神性與人性比例言，神性愈多人性愈少者愈可信；以美化的程度言，則愈美善快樂的愈為後出。這種信，是基於社會學、考古學、進化論的知識，「知道社會進化有一定的階段，而戰國、秦、漢以來所講的古史和這標準不合，所以我們敢疑」。[34]而且，先生用「偽史移置法」，破壞了假的上古史，建設了真的中古史：以真的商、周回復其商、周的

33　1926年11月9日致葉聖陶信，轉引自《年譜》，第132頁。
34　《我是怎樣編寫〈古史辨〉的？》。

地位，假的唐、虞、夏、商、周回復其先秦或漢、魏的地位。所謂「以漢還漢，以周還周」，[35]即移偽置信。也就是說，通過他疑信並用的古史考辨的原則，使所考辨的史料各就其實際年代定位，確定為該年代的信史。

因此，對於當年馮友蘭曾將史學界劃分為信古、疑古、釋古三派的說法，先生持有異議，認為「疑古並不能自成一派」。因為從信的標準來說，「信古派信的是偽古，釋古派信的是真古」，而疑古者信的亦是真古，釋古派所信的真古即是「得之於疑古者之整理抉發」。[36]最近學術界亦有人認為：「從方法論史料學層面看，與其說顧先生的古史辨是疑古派，毋寧正名為釋古派。此始是顧先生自己的意思，故其書名曰《古史辨》。」[37]

先生所提出的推翻非信史的四項標準，經受了考古學結論的檢驗。50年代以來，考古學有了長足的發展。在這一前提下，蘇秉琦提出考古學區、系、類型的觀念，將全國重要的新石器時代遺址分作六大區；並認為以往所說黃河流域是中華民族的搖籃，其他地區文化只是在它影響下才得以發展的看法是不全面的，越來越多的考古材料證明，其他地區的古代文化也以各自的特點和途徑發展著，二者之間的影響是相互的。[38]他曾把中華民族的起源形象地比喻為「恰似滿天星斗」，雖然各地各族跨入文明門檻的步伐有先後，但都是中華文明的

---

35   《古四序》，第19頁。
36   《我是怎樣編寫〈古史辨〉的？》。
37   羅義俊：《錢賓四與顧頡剛的〈古史辨〉》，1993年顧頡剛先生誕辰一百周年學術討論會發言。刊《史林》，1993年第4期。
38   《關於考古學文化的區系類型問題》，《文物》1981年第5期。

締造者。儘管對「文明」概念的界定、對文明形成的標誌等在學術界還存在分歧，但從總的趨勢來說，誰也難於否認中國文明的起源和中華民族的形成不是只有一條線索，而是有多條線索；不是單元的，而是多元的，這正和先生當年的觀點不謀而合。杜正勝在《考古學與中國古代史研究——一個方法學的探討》中說：「空間架構和時間架構一樣，是考古家送給古史學者的大禮物。傳統中國典籍記述的古史一向以華夏為本位，除黃河下游的『中原』地區以外，中國境內的各種人口不是『蠻夷』便是『戎狄』，口誅筆伐，不遺餘力。這樣的觀點當然不能符合現代歷史學的要求。由於考古學區、系、類型的建立，古代史學便可脫離華夏中心的史觀，進而瞭解比較全面的歷史發展。借由各種文化類型的內涵，史家不但可以重建古代各地區的文化史，也可以認識各族群的文化交流。」[39]其實先生在70年前已經向傳統史學觀念進行大膽的質疑了。這與考古家們的結論可說是殊途同歸。

1929年，先生到燕京大學任職。他在燕大首先開「中國上古史研究」課，所編的第一部講義——《中國上古史研究講義》，即是實現6年前提出「層累地造成的中國古史」觀時的設想，把傳說中的古史，按每部書弄清楚：「一部書一部書地做去，如《詩經中的古史》、《周書中的古史》、《論語中的古史》」，以證明2000多年來公認的古史實是由不同歷史時期的古史傳說演變而成的。他在《序》中說：

我編輯這份講義的宗旨，期於一反前人的成法，不說哪一個是，哪一個非，而只就它們的發生時代的先後尋出它們的承前啟後的痕跡

39　《考古》1992年第4期。

來，又就它們的發生時代的背景求出它們異軍突起的原因來。我不想取什麼，丟什麼，我只想看一看這一方面的史說在這二三千年之中曾起過什麼樣的變動。《老子》云「以輔萬物之自然而不敢為」，又雲「萬物並作，吾以觀複；夫物芸芸，各歸其根」，這便是我使用的方法。我想，待到它們的來源和變動都給我們知道了之後，於是它們在史實上的地位可以一個一個地推翻，而在傳說上的地位可以一個一個地建設了。這是我的研究這學問的大目的，而這編講義乃是個造房屋的草圖。

以此可知，此講義「是他的『層累地造成的中國古史』觀提出之後，『搜集本證旁證，一一加以說明』，以堅讀者『諸君之信』的奠基之作」。[40]

在編寫此講義期間，先生逐漸立下作「古史四考」的宏大計畫。他本想將講義分為二編：甲編——三皇五帝的來源，簡名為《帝系考》；乙編——三代制度的來源，簡名為《王制考》。這由於舊的古史系統裡，虛偽的史事叢集於帝系和王制兩類之中。以後隨著認識的深化，又增加了《道統考》——辨帝王的心傳及聖賢的學派；《經學考》——辨經書的構成及經學的演變。可是講義編了一年，只完成了《帝系考》的一部分，以後為了預備作《王制考》，而改開了「《尚書》研究」一課。雖然這部講義僅是「古史四考」的一個發端，且「古史四考」最終也未完成，但先生確是抓住了考辨古史傳說的中心。這四考是對中國古書古史的總批判，《帝系考》是屬於民族史和宗教史

40　王煦華：《〈中國上古史研究講義〉前言》，本書首，中華書局，1988。

的,《王制考》是屬於政治制度史及社會制度史的,《道統考》是屬於思想史和宗教史的,《經學考》是屬於學術史和思想史的。

先生認為,帝系是三皇五帝的系統,這許多古人本來或是各部落的酋長,或是他們的祖先,或是他們的圖騰,或是他們的上帝,神與人已混雜而不易分。在周代原是各族各有其始祖,而與他族不相統屬;至於奉祀的神,各族亦不同。自戰國以後因民族的混合、政權的統一使各族所奉的神與人也混合了起來,發生父子、翁婿或君臣的關係,從而在混合所成的系統中分出了時代的先後,編排為承繼的關係。如楚國成了帝高陽的後人,而帝高陽是黃帝的孫子;越國成了禹的後人,而禹是黃帝的玄孫;周祖後稷成了帝嚳元妃之子,商祖契成了帝嚳次妃之子,帝嚳則是黃帝的曾孫,於是華夏的商、周和蠻夷的楚、越成了一家。這編排的工作由周朝即已開始,到三國時才完成,因此其中也含有這些朝代的政治社會的背景。我們應當細為考證,誰是原來的,誰是後加的;誰是甲民族的,誰是乙、丙民族的;誰是神,誰是人,誰是由神而轉為人的,誰是由人轉為神的。這些問題弄明白,中國境內各民族的關係和他們所崇奉的宗教也就隨之明白了。

王制是夏、商、周三代的制度,此三代是中國文化的核心,可是孔子已慨歎夏、殷的文獻無徵,可見在東周時對前兩代的禮已不很清楚;到戰國時有人問孟子周室班爵祿的制度,這是一代的煌煌大典,而孟子已說「其詳不可得聞」,可見周尚未亡而開國制度已不易尋。然而經過戰國秦漢間儒者的托古改制,三代制度遂燦然陳列,其實不少是這些朝代的制度的反映,三年之喪廁之於《堯典》,五等之爵著之於《春秋》,便是最顯著的例證,至於五德、三統諸說,更是為滿

足政權更迭的需要而作。他們依據了古代的一點真實材料，便可推出許多制度，如：以一朝代的推作數朝代的（由周的稷神而推出夏、殷的稷神），以一地方的推作數地方的（由秦臘而推出虞臘和周臘），以一階層的推作各階層的（五等爵所執的圭璧和天子、諸侯、大夫、士的廟制），以一時的推作四時的（由一歲一次田獵而推為三時田獵、四時田獵，由一歲一次鑽燧改火而推為四時改火），以一德的推作數德的（由周有赤鳥之祥與騂牛之祭而定周為火德並推出商金夏木之制）。我們應當研究他們的推致法，剝去其後加的，保留其僅有的一點真實；再配合了考古學的結論而把古代政治和社會看真確。

道統在孔子以前是君統，自從《孟子·盡心》記了堯、舜、湯、文王、孔子這一個「聞知」、「見知」的系統之後，接著是《論語·堯曰》的「執中」，偽《大禹謨》的「人心」、「道心」，見得三聖傳心的精髓，有如佛家的衣缽相傳；漢人又在《易傳》裡加上觀象制器的一章，於是伏羲、神農、黃帝和堯、舜們也有了道統的關係，道之所在即是《易》理。孔、孟以後，道不在君統而在師統，所以凡是為師者欲成為萬世的師表，便參與競爭道統，結果為宋代的周、程、張、朱諸理學家所得。他們以為「天不變，道亦不變」，凡是聖人都得到這不變之道的全體。經過2000多年的傳衍，道統的影響深入人心，成為各種革新的阻礙，比如戊戌變法的失敗即在於此。其實堯、舜以上，有無其人尚不可知，何況他們的道。孔、孟以下，雖有其道，亦不相同：孔子尊周室而孟子要「以齊王」，孔子稱美管、晏而孟子竟說「仲尼之徒無道桓、文之事者」，孔子主忠孝而孟子亟於救世，孔子嚴階級而孟子說「民為貴」。可見孔、孟之間相去僅百餘

年，而社會背景已異，其道已不能不變。宋代的理學家們之道又何嘗得之於孔、孟，他們是混合了儒、釋、道而成的。我們必須說明，道是每個時代的需要而反映於當時人心的，時代不斷在變，道亦隨之而變，絕沒有一個不變的道。

經學是我國人研究了2000多年的學問，本來幾部真的經書都是國君及卿大夫士們日常應用的東西，如《詩》是樂官所記樂歌，《書》和《春秋》是史官所記檔案，《易》是卜官所記卜辭，《禮》是禮官所記禮節，意義簡單，有何神秘。《詩》、《書》、《禮》、《樂》是各國都有的，《易》和《春秋》是魯國特有的。孔子是魯人，收了許多弟子，把魯國所有的書籍作為教科書；他死後弟子們造成一個極大的學派，很占勢力，就把魯國的書加以潤飾，作為本學派的經典。戰國時，平民有了政治地位，都要吸收知識，當時書不多，只有讀儒家經典。到了漢代，孔子定為一尊，大家替他裝點，更添出許多微言大義，他們把不完全的經算是孔子所刪，把完全的經算是孔子所作，於是經書遂與孔子發生了不可分解的關係，幾乎每一個字裡都透進了他的深意。尊孔之極，又把經師們所作的筆記雜說也算作經，把儒家的學說也算作經，把新出的偽書也算作經，故而有「十三經」。但是經學為何不能成為科學？原因有二：第一是聖道，凡是聖人的話是不容許批評的，所以明明見到其不對而絕不能道破；進而官方所定的正注也是不容懷疑的，即使有極好的意見足以改正舊注的，也只能寫在私人著作裡而不得公佈於世，像先生那樣在考卷裡批評鄭玄的注亦不行。因為思想上的禁錮如此厲害，所以除了個別人外，一般人只有奉經書為教典，無法對其進行研究。第二是家派，由於經書不易讀懂，

故經師各憑己意來講經，各家說法不同，政府無法裁定是非，於是並立於學官，各收其徒，徒弟在道義上不能違背老師。以後雖有一班通學者起來，打破門戶，擇善而從，作成了幾部混合的注釋，但到了清代，因學者好古情殷，又把自己束縛在漢代的家派裡。因為他們有擁護一家派以攻擊別家派的成見，所以仍不能作客觀的研究。我們必須打破聖道和家派的迷夢，才可使經書呈現其本來面目，我們可以用它們同類的東西作比較研究而發現其所含的古代史實，並把2000多年來的經解、經注加以整理以利後人的使用；再將經學的演變及其所受時代的影響揭發出來，以明經師的功罪，並將經學變為史學。

基於以上的認識，先生在1933年為《古史辨》第四冊所作序中，提出了四「偶像」說，認為在凝定於漢代的古史裡藏著許多偶像：「帝系所代表的是種族的偶像」，「王制為政治的偶像」，「道統是倫理的偶像」，「經學是學術的偶像」。他深刻地指出：

這四種偶像都建立在不自然的一元論上。本來語言風俗不同，祖先氏姓有別的民族，歸於黃帝的一元論。本來隨時改易的禮制，歸於五德或三統的一元論。本來救世弊、應世變的紛紛之說，歸於堯舜傳心的一元論。本來性質思想不一致的典籍，歸於孔子編撰的一元論。這四種一元論又歸於一，就是拿道統說來統一一切，使古代的帝王莫不傳此道統，古代的禮制莫非古帝王的道的表現，而孔子的經更是這個道的記載。有了這樣堅實的一元論，於是我們的歷史一切被其擾亂，我們的思想一切受其統治。……古代不必說，就是革命潮流高漲的今日，試看所謂革命的中心人物還想上紹堯、舜、孔子的道統而建

立其哲學基礎，就知道這勢力是怎樣的頑強呢。然而，我們的民族所以墮在沉沉的暮氣之中，喪失了創造力和自信力，不能反應刺激，抵抗強權，我敢說，這種思想的毒害是其重要的原因之一。大家以為蓄大德，成大功的是聖人，而自己感到渺小……大家以為黃金時代在古人之世，就覺得前途是沒有什麼大希望的了。……所以我們無論為求真的學術計，或為求生存的民族計，即已發現了這些主題，就當拆去其偽造的體系和裝點的形態而回復其多元的真面目，使人曉然於古代真相不過如此，民族的光榮不在過去而在將來。我們要使古人只成為古人而不成為現代的領導者；要使古史只成為古史而不成為現代的倫理教條；要使古書只成為古書而不成為現代的皇皇法典。這固是一個大破壞，但非有此破壞，我們的民族不能得到一條生路。我們的破壞，並不是一種殘酷的行為，只是使它們各各回復其歷史上的地位：真的商、周回復其商、周的地位，假的唐、虞、夏、商、周回復其先秦或漢、魏的地位。[41]

這鞭辟入裡的論說一針見血地揭露了封建思想和學術對民族的危害，道出先生疑古辨偽工作的雙重意義：不僅為了學術的「求真」，而且為了民族的「求生存」。

「古史四考」是先生自20年代初發動古史大論戰以後的10年間，為繼續深入考辨古史，對其舊系統進行細緻周密的總清算，而提出的一個體大思精的設想。他的一系列討論古史的重要著作，都是在這種思想的指導下寫成的，下面擇要述之。

41　《古四序》，第12—13頁。

《五德終始說下的政治和歷史》是根據《中國上古史研究講義》中的一部分寫成的，也即是說，這篇被學術界譽為大手筆的15萬字的長文，是屬於《帝系考》方面的論著。我國從先秦到漢代典籍中關於古帝王的記載，錯綜複雜，令人眼花繚亂，先生清理了各種不同的五帝說，認為：

　　在許多古史系統中，只有黃帝、堯、舜是不缺席的，再有二人就很難定，一派說這二人是顓頊、帝嚳，別一派則說是伏羲、神農。說顓頊、帝嚳的，以黃帝為五帝的首一帝，與鄒衍時的史說合，可以稱為「前期五帝說」。說伏羲、神農的，以伏羲為首一帝，黃帝居五帝之中，殆是秦以後的史說，可以稱為「後期五帝說」。這兩種學說各有其畛域，不容相混。《國語》、《五帝德》、《帝系》、《呂氏春秋》、《史記》為前期說；《淮南子》、《莊子》、《易傳》、《戰國策》為後期說。惟有貪多務博的《管子‧封禪篇》想朵拉幾位古帝王撐著「七十二代封禪」的場面，才把這兩個系統並成了一個系統，連兩系統俱不收的無懷氏和炎帝，也一起拉進了。[42]

　　又指出戰國後期鄒衍的「五德終始說」以為古代帝王的更迭遞嬗是按五德相勝的次序進行，能給人兩個暗示：一是凡無五德之運的絕做不成天子；二是天命不永存，此德衰而彼德興，則立刻會易姓受命。這是一種比商、周時的「天命說」更神秘精緻的王權神授循環論，更富於欺騙性。

42　《古五》，第464頁。

接著，先生詳細論述了西漢末年出現的《世經》中的「五德終始說」如何將鄒衍所創立之五德相勝說完全改變為五德相生說，如何改造漢代以前的古史中帝王體系將其向上延伸了兩倍；認為《世經》「是中國上古史材料中最重要的一件。2000年來的傳統的上古史記載以及一班人的上古史觀念，誰能不受它的支配！」，並認為此書是劉歆所作。先生根據漢代的時勢指出，王莽為奪漢代天下，所用手段是在歷史「五德相生」的循環中找出他做皇帝的依據，以造成堯舜禪讓的重現；而劉歆由於整理皇家書籍，為借政治力量來表彰所發現的古代史料，必在其中加進有利於皇室的東西。康有為《新學偽經考》和崔適《史記探源》已抉出劉歆作偽之跡，康氏認為劉歆增入少昊是要補足三皇五帝之數，崔氏則認為劉歆造出終始五德之說，在《世經》中插入少昊，漢便成為火德的堯的後代，新便成為土德的舜的後代，於是漢新就能重演堯舜的禪讓了。但他們把這個改變的責任一起歸在劉歆身上，未免把他的本領看得太大。先生系統地說明五德說在秦漢間的變遷之跡，指出其並非劉歆一人所造。

王莽垮臺以後，這樣一個利用當時流傳的材料所編造的古史體系仍完整地傳下來，成了2000年間人們所信奉的中國上古史；雖經清末今文家對它的初次發難，由於他們沒有進行系統化、通俗化的揭露，以致使之仍盤踞在史書中，流傳至今。現在先生對它進行層層剝筍式的清理，把每一個帝王怎樣安排到這一體系中的來龍去脈講明，正是對「層累地造成的中國古史」所作的一次精細的解剖；而且先生主要運用了先秦的材料來揭露漢代的編造，正是一次「以戰國諸子之學攘西漢者」的具體行動。「於是一篇專題考辨文章，就這樣收到了比它

專題範圍廣泛得多的學術效果。」[43]

此文發表後反響很大，而且褒貶不一，其癥結就在於如何區分造偽與傳說，如何評價劉歆的作用。錢穆認為，傳說是演進生長的，而造偽卻可以一手創立，因而前者為漸變，後者為突異；並就五帝傳說、五行相勝與相生、漢為火德及堯後等具體問題反詰先生，批評他盡可用歷史演進的原則來說明文中引用的史料及疑點，「不必用今文家說把大規模的作偽及急劇的改換來歸罪於劉歆一人」。[44]至今學術界仍有人認為，先生受了康有為的影響，相信上古史的眾多傳說都是刻意偽造而成的。[45]其實先生一直認為：「宇宙間的種種事物，有漸變，也有突變。古史的傳說和古文籍的本子當然也不能例外。」[46]他在這篇長文裡也指出：

劉歆固然得到改變學術的機會與權勢，且實有許多為所竄亂或臆造的文件，但倘使前無所因，則無源之水，其涸也可立而待也。惟其所改變的東西在漢代已醞釀了二百年（如古史系統），或一百年（如漢帝讓國說），大家耳濡目染已久，一旦逢到機會，取而易之，自然不致成為使人疑駭的大問題，故外表雖為突變，而實際則仍為漸變。[47]

比如用五行相生說來講過去歷史和將來預言之書籍讖、緯、中侯

43　劉起釪於：《顧頡剛先生學述》，第182頁。
44　《評顧頡剛〈五德終始說下的政治和歷史〉》，《古五》，第630頁。
45　王汎森：《古史辨運動的興起》，臺北允晨文化實業股份有限公司，1987。
46　《跋錢穆〈評《五德終始說下的政治和歷史》〉》，《古五》，第631頁。
47　《古五》，第483頁。

等大量湧現，就是劉歆的先聲。但劉歆所易，有醞釀成熟、順從民意者，也有不成熟、出以獨斷者，所以有許多太新的東西就不能馬上取得一般人的信仰而屢受攻擊了。劉歆如何能根據王莽的需要來改造漸變的傳說？這一問題在30年後先生深入研究東方鳥夷民族之時，才有了更圓滿的解釋。他認為劉歆之所以能給少昊配以「金天氏」的稱號，並攙入《左傳》，使「少昊金天氏」一名成為東漢以下人們的歷史常識，這是因為秦為贏姓之族，原是鳥夷的一支，贏姓為周公東征討伐的對象之一，秦人便在這時遷居西北；少昊是鳥夷的宗神，因而秦人以其為上帝而祀之。所以當年以為《史記・封禪書》所云「秦襄公既侯，居西垂，自以為主少昊之神，作西畤，祠白帝」，是秦、漢間人據五德說分配之結果，現在知道是東方民族受了西方民族的壓迫而大舉遷徙，以致文化也隨之流動的結果。[48]（先生對鳥夷民族的研究，後面還要談到）至於「白帝」的稱謂，乃是後來有了黃帝、青帝、赤帝后加上去的。戰國中後期，五行說討論日密，於是顏色中的「白」和方向中的「西」都歸到「金」的一行，秦既為西方強國，它主祀的神又為少昊，所以少昊就被人們固定地分配到西方作上帝而為「白帝」了。

在此必須說明，因為先生批評了劉歆，發表了一些不信任古文家的議論，自30年代起直至今日，學術界總有人對先生冠以「新今文家」的頭銜，對於這一點，先生自始至終都認為這是「成見」而欲「打破」之。無論如何，今、古文經之爭是我國經學史上一個客觀存在的問題，應該允許學者研究，否則，古代政治史、曆法史、思想

48　《筆記》卷七，第5756頁。

史、學術史、文字史全不能做好，尤其在涉及古史和古書真偽問題時，打破今、古文的關界的阻礙是一個前提。先生早已說過：「我們為要瞭解各家派在歷史上的地位，不免要對於家派有所尋繹，但這是研究，不是服從。」[49]既然是從研究的角度出發，不受家派門戶的限制，那麼，「今古文的門戶之見和我們再有什麼關係！」「我們的推倒古文家，並不是要幫今文家占上風，我們一樣要用這種方法來收拾今文家。」[50]就在作這篇長文的同時，先生又在所作《中國上古史研究課第二學期講義序目》一文中，指出古文家的經說既出在今文家之後，「當然有勝過今文家的地方」，並批評康有為、崔適諸氏「先已認定自己是今文家，凡今古文經義有不合的，必揚今而抑古。甚而至於春秋時的歷史，凡《左傳》與《公羊傳》違異的，亦以《公羊》為信史而以《左氏》為謬說。其實他們既說《國語》為《左傳》的前身，則《左傳》的記事出於古文家之前，原不當因它為古文家改編之故，使它蒙了古文之名而與今文對壘」。[51]他在此申《左傳》而斥《公羊》，並批評康、崔等人，與今文家立場全然不類。其實，先生雖然接著康、崔等人講王莽、劉歆偽造群經的問題，但已跳出了今文經學的門戶，他只是接受今文家的某些考證，並不採取他們的經學立場，不是為了證明某種經學理論而辨偽。以後先生探討《周禮》著作時代，認為是戰國時代齊國的作品；論證《逸周書·世俘》即是《古文尚書·武成》，其中以劉歆引用的《古文尚書·武成》逸文為證，均是一反今文家之立場；至於在《尚書》各篇的校釋譯論中，更是打破

49　《古一序》，第82頁。
50　《古五序》，第3頁。
51　《古五》，第257頁。

古、今文的界限擇優而從，實事求是。因此，不能僅由於先生接受了今文家的某些觀點便認定他「滑進了今文家的宗派」。

後來先生說過一段耐人尋味的話：

現代學者，無論治考古學、古文字學、社會史、民族學，皆欲跳過經學的一重關，直接從經中整理出古史來（如王靜安先生即其最顯著之一例）。此實存舍難趨易之心，以經學糾紛太多，不易瞭解，更不易處理也。然此不可能。蓋如不從辨別經學家派入手，結果仍必陷於家派的迷妄。必從家派中求出其條理，乃可各還其本來面目。還了他們的本來面目，始可以見古史之真相。所以，這番功夫雖苦，卻不是勞而無功的。惟有做了經學的工作，方知真正古史存在的稀少，同時也知道現有的古史中經學家學說的豐富。[52]

從辨別經學家派入手以見古史真相，先生除了《五德終始說下的政治和歷史》之外，還做過不少探索。比如「九族」問題，「九族」二字僅見于《尚書·堯典》與桓公六年《左傳》以及《詩序·葛藟》，但歷來的解釋卻是五花八門。先生將《偽孔傳》、《左傳》杜預注、唐人對《尚書》《左傳》的注疏一一條理，看出夏侯、歐陽等今文家說為父族四、母族三、妻族二，即兼言外親；而《偽孔》、鄭玄、杜預等人說為「上至高祖，下及玄孫」，則專指本屬，然而都有不可通之處。於是參考前人對古代宗法制的解說指出：秦漢族刑所云「三族」者，即「父母、妻子、同產皆棄世」，換言之，即五倫中除去君

52　《筆記》卷四，第2406頁。

臣、朋友二倫，其餘皆誅之，所謂「妻子」指小家庭，「父母」與「同產」指大家庭，亦即《儀禮》中的三族，僅此而已。今古文家的解說，不過是禮家幻想罷了。這樣就將糾纏不清的「九族」問題說清楚了。

1933年，先生因在燕大歷史系代「秦漢史」課，就將《五德終始說下的政治和歷史》的部分內容改用通俗文字寫成敘述性而非考證性的講義，後來以《漢代學術史略》為題（50年代又改題為《秦漢的方士與儒生》）出版。這部書是先生《經學考》方面的名著，雖不能包括漢代的全部學術，但確是那時學術思想的主流，在當時的學術裡無疑佔有正統的地位。他從秦漢時代統治階級的需要上來看今、古文兩派的變化，認為儒生和方士的結合是造成兩漢經學的主要原因。他說：

我覺得兩漢經學的骨幹是「統治集團的宗教」—統治者裝飾自己身份的宗教—的創造，無論最高的主宰是上帝還是五行，每個皇帝都有方法證明他自己是一個「真命天子」；每個儒生和官吏也就都是幫助皇帝代天行道的孔子的徒孫。……皇帝有什麼需要時，儒生們就有什麼來供應。這些供應，表面上看都是由聖經和賢傳裡出發的，實際上卻都是從方士式的思想裡借取的。

因而認為，「今文家和古文家，只是經書的版本不同或是經書上的解釋不同，不是思想的根本有異」。[53]這樣，先生從秦漢間人的上

53　《〈秦漢的方士與儒生〉序》。

古史觀念及所造作的古史中，作成了秦漢時代的學術史和思想史。

那時，先生還以幾年之力根據《中國上古史研究講義》的另一部分寫成《三皇考》，此部10餘萬字的大作可謂是《五德終始說下的政治和歷史》之姊妹篇。文中考證了三皇及其傳說的演變，認為三皇問題與殷周無關，只是秦漢以來宗教史的問題而不是古代史實的問題，所以能作原原本本的說明。

那一時期，先生為考辨古史還撰寫了《戰國秦漢間人的造偽與辨偽》、《禪讓說起于墨家考》、《州與嶽的演變》、《九州之戎與戎禹》等文。這些工作，一方面「破壞假的上古史，建設真的中古史」，另一方面也使混雜在古史中的古代神話傳說還原出來。先生認為戰國以前的古史是「民神雜糅」，「性質是宗教的，其主要的論題是奇跡說」。《楚辭·天問》這篇史詩最能表現那時人的歷史觀，從宇宙的開闢直至夏、商、周，其中有很多怪異的傳說，為儒家典籍裡所沒有；又如《史記》、《山海經》、《尚書》所見的一些神怪的記載，用當時人的眼光看來，「正是家常便飯，無所用其疑怪」。[54]到戰國時庶民有了獨立的地位，社會組織發生大變化，於是古史傳說遂更換了一種面目。首先是墨子起來順應時勢，為了打破貴族傳統的世襲制度，提出「尚賢」說，並為推行自己的主張而造出堯、舜禪讓的傳說來。以後禪讓之說又從墨家流傳到儒家，儒家是主張保留貴族的世祿的，所以孟子反對禪讓，說舜是由臣民擁戴起來的，與堯無關。而道家為提倡「返性于初而遊心於虛」，也偽造了許多上古的事情作為修養的

54　《古史辨》第七冊（上），第10頁。

目標，「今苦而古樂」的退化觀念也就成了道家正統的古史觀。由此可以看出當時的政治思想對神話演變之影響。另外，戰國時代的兼併戰爭與民族融合造成了古史上的兩大偶像，種族上的偶像是黃帝，疆域上的偶像是禹。州與嶽隨民族之疆域之擴大而擴大，「禹跡」又隨州與嶽之擴大而擴大。先生此時的眼光已不同於20年代初，那時認為禹是南方民族的神話中人物，而至30年代，他從九州、四岳之原在地，推測禹傳說之起源，認為九州、四岳原為西方戎族及其先人所居地，禹原出於戎族，禹所以與九州發生關係，與戎族之移徙有關。由於遷徙的早晚造成文化發展的不同，遂使得祖先原一、血統原同的夏人、戎人，分成不同的部族。這樣，禹由戎之宗神，演化為全土共戴之神，更演化為三代之首君；向來被人視為純粹華夏文化者，乃出於戎文化。

正因為先生從時代的社會的角度去考察古史神話的演變，所以他不再像王充、崔述等學者那樣簡單地駁斥這些神話傳說為不雅馴之邪說，而是通過其演變去研究當時的社會，包括政治、思想、學術、民族、疆域等等，於是，他就「達到了一個傳統疑古學者所無法企及的高度」。[55]並且，通過對古史的辨偽，根據古史中野蠻、怪異的記載去尋古代神話，將神話從古史中還原出來，就使他的工作進入了中國神話學的領域。當今學術界有這樣的評價：就中國古代神話傳說研究而言，1923年顧頡剛和劉掞藜、胡堇人等爭論大禹是否有神性的問題實是它的「開端」，自此至1941年《古史辨》第七冊出版的19年間，實是它的「全盛時期」，《古史辨》實是影響它「興起的最主要因

55　張銘遠：《顧頡剛古史辨神話觀試探》，《民間文學論壇》1986年第1期。

素」。[56]由此可見，先生的古史神話研究對於中國神話學所起的舉足輕重的作用。眾所周知，本世紀20年代初期至30年代中期，正是中國現代神話學的創立和發展時期。茅盾等一批神話學者從西方的人類學派神話學中找到理論武器，來重建中國神話系統；而先生卻通過自己開創的新史學途徑，進入了這一領域，他所著力研究的禹、堯、舜、三皇五帝等神話「都是歷史化最完善的神話，攻克了這幾道難關之後，就為重建古代神話體系鋪平了道路」。但是，正因為先生是為「辨明古史」而去研究「傳說的經歷」的，故而工作的重心始終在於考辨神話在文明社會的演變，而不在於神話的原始面貌的還原，這樣，他的神話研究便存在著難免的侷限。他沒有認識到文獻採納神話的時代與神話實際產生的時代並不完全相同，所以對於那些反映的時代較早而出現於文獻較晚的神話，都認為是後人的編造；因此他只能利用神話在文明社會發生的演變去研究該社會的情況，卻「不能利用神話作為原始社會研究的材料」，他只相信考古學上的實物價值，卻「認識不到神話作為原始社會意識形態的社會史、文化史價值」。[57]

3.3　掃除塵障的古籍考辨成果

先生在「古史四考」的工作中，對於《尚書》所下功夫最深，因為它是我國最早的史書，同時也是2000多年來最受儒家尊崇的一部經書，已成為自天子至庶人所必讀的政治和道德教科書，在帝系、王

56　王孝廉：《中原民族的神話與信仰》，臺北時報出版公司，1987，第336—337頁。
57　張銘遠：《顧頡剛古史辨神話觀試探》，刊同前。

制、道統、經學四方面均起了關鍵作用：最先由儒家確立起來的堯、舜、禹、湯、文、武這一古史骨幹系統，就是由《尚書》建立的；儒家托古所提出的一些制度，也多在此書中；他們所倡的道統，亦是利用此書所建立的帝系而成立的，尤其是偽《大禹謨》的堯、舜、禹「三聖傳授心法」更成為封建倫理學說的中心；至於紛擾2000年的今古文經學之爭，主要是由此書引起的，而偽《古文尚書》又是偽書中的典型標本。因此先生認定，要有效地從這四方面清算古史，就必須攻破《尚書》這一首要堡壘，把它從聖經地位恢復到原來的史料地位。先生認為，《尚書》是我國最古的一部歷史文獻彙編，包括周代的一些文獻，其中有幾篇在流傳時可能受到史官的潤色；其次是商代的一些文獻，傳到周代在文字上受到較大影響，有的可能是商的後裔宋國史官加工寫定的；至於三篇所謂虞夏的文件—《堯典》、《皋陶謨》、《禹貢》，實是成於戰國之時以至更晚。《尚書》不僅是研究古史所必不可少的資料，還是研究古代語言、文字、文學、哲學、文化思想、神話、社會生活等方面的重要資料，另外還保存有古代天文、地理、土壤、物產等自然科學方面的重要資料。然而對於這樣一部關鍵性的古書，研究它卻難乎其難，連造詣之深如王國維者也說它「於六藝中最難讀」，「於《書》所不能解者殆十之五」。[58]困難所在除了今古文經之爭這一主要問題外，還在於：一、文字的艱澀，隨之以認字釋義的分歧；二、竹簡的易毀，造成各種錯亂；三、歷代不斷的造偽；四、封建思想的攪亂。[59]以前學者對於此書的考辨已有不少成就，清初學者推翻了偽古文，清末學者又進而否定漢古文，但對於漢

58　《觀堂集林》卷二，第1頁。
59　詳見劉起釪於：《顧頡剛先生學述》，第196—204頁。

今文二十八篇，雖有人持懷疑態度，卻無人進行認真的考辨。當20年代初先生與胡適、錢玄同辨論古史之時，胡適在《論帝天及九鼎書》中即告先生：「最要緊的是重提《尚書》的公案，指出《今文尚書》的不可深信。」[60]錢玄同在《答顧頡剛先生書》中亦指出：「現在的二十八篇中，有歷史底價值的恐怕沒有幾篇。如《堯典》、《皋陶謨》、《禹貢》、《甘誓》等篇，一定是晚周人偽造的。」[61]先生在《論〈今文尚書〉著作時代書》中答胡適道：「這事我頗想做」，並提出對於《今文尚書》的鳥瞰性意見，將二十八篇分成三組，第一組十三篇，其「在思想上，在文字上，都可信為真」。第二組十二篇，其中「有的是文體平順，不似古文，有的是人治觀念很重，不似那時的思想。這或者是後世的偽作，或者是史官的追記，或者是真古文經過翻譯，均說不定。不過決是東周間的作品」。第三組三篇：《堯典》、《皋陶謨》、《禹貢》，「這一組決是戰國至秦、漢間的偽作，與那時諸子學說有相連的關係。那時擬《書》的很多，這三篇是其中最好的；那些陋劣的（如《孟子》所引『舜浚井』一節）都失傳了」。[62]他的這一意見，已基本上取得學術界的公認。

1925年，先生作《盤庚》、《金縢》兩篇的今譯發表，意在揭出古代的真貌，並探索怎樣使《尚書》能為今日研究工作所利用。該項工作在學術界甚得好評，朱自清認為：「五四運動以後，整理國故引起了古書今譯。顧頡剛先生的《盤庚》篇今譯最先引起我們的注意。他是要打破古書奧妙的氣氛，所以將《尚書》裡詰屈聱牙的這《盤

60　《古一》，第200頁。
61　《古一》，第76—77頁。
62　《古一》，第201—202頁。

庚》三篇用語體譯出來⋯⋯他的翻譯很謹嚴，也夠確切；最難得的，又是三篇簡潔明暢的白話散文，獨立起來看也有意思。」[63]隨後在廈門大學任教，所開的課就是《尚書》研究——這是先生在大學裡正式擔任的第一門課，從所編的講義可以看出，要求明瞭經書的真相的熱忱以及闢出一條研究經書的新路的勇氣使他自登上講臺之日起，就以研究這部「古史中最重要的」而且是「最困難的」書為己任了。[64]接著在廣州中山大學又任此課，所編《尚書學》講義，搜集自漢至近代研究《尚書》的主要各家之說62種，成為「研究《尚書》最根本的物質建設」。[65]30年代在燕京大學和北京大學所開「《尚書》研究」課，重點便是深入考辨《堯典》、《禹貢》。在戰國時代，「大一統」的呼聲不斷增高，於是在歷史方面出現了論述祖先同源說和中央集權說的《帝系》、《堯典》，在地理方面出現了劃分天下為九州之說的《禹貢》、《職方》，這種輿論為秦始皇統一六國的偉大工作鋪平了道路。這樣，經過儒家作為顯學的鼓吹，使《堯典》、《禹貢》構成了上古史料的重心，尤其《堯典》可以說涉及古史的各個方面，因此這兩篇成為整部《尚書》的重點所在。先生以充分的證據揭露了這兩篇和《皋陶謨》是儒家為建造他們的古史所加工編造的，將他們的寫作年代移後至戰國，從根本上動搖了儒家利用它們所建立起來的古史體系。這一成果已被學術界所稱許，例如徐旭生在《中國古史的傳說時代》一書中兩次說道：「疑古學派最大的功績，是把《尚書》頭三篇的寫定歸之於春秋和戰國的時候。」呂思勉在《從章太炎說到康長

63　朱自清：《古文學的欣賞》，轉引自《年譜》，第103頁。
64　《講授尚書學計畫書》，轉引自《年譜》，第130頁。
65　劉起釪於：《顧頡剛先生學述》，第209頁。

素、梁任公》一文中評價先生「發明《禹貢》不但非禹時書，所述的亦非禹時事，乃後人據其時的疆域附會，則不可謂非一大發明」。美國漢學家恒慕義在《中國史學家研究中國古史的成績》一文中，向西方介紹先生學術成就時，作為第一項提出的就是：深信《尚書》的《虞夏書》是「紀元前四五世紀」「造出來的產物」。[66]先生在燕大除了編輯《尚書研究講義》外，並與顧廷龍先生合編了《尚書文字合編》，又主編了按書中任一字即可查到書中任一句的《尚書通檢》。他認為，《堯典》、《禹貢》等篇，因為出世的時代晚，「所以用了歷史地理方面的材料去考定它，已經很夠」。但到了《商書》以下各篇，因為它們的編成較早，要考定它們著作的較確實的時代便很費事，「這是使我知道不能單從某一方面去作考證的。因此我便有編輯《尚書學》的志願。編輯的方法，第一是把各種字體的本子集刻成一編，看它因文字變遷而延誤的文句有多少。第二是把唐以前各種書裡所曾引用的《尚書》句子輯錄出來，參校傳本的異同，並窺見《逸書》的原樣。第三是把歷代學者討論《尚書》的文章匯合整理，尋出若干問題的結論。第四是研究《尚書》用字造句的文法，並和甲骨文金文作比較。最後才下手去作《尚書》全部的考定」。[67]他一生對《尚書》的研究，就是按照這一規劃進行的。

1951年，先生以半年時間譯出《尚書》中最難讀的《周誥》八篇。《周書》絕大部分是當時史官的記載，在《尚書》中的史料價值最珍貴，但周民族起於渭水流域，史官所記載的是地道的陝西方言，

66　《古二》，第448頁。
67　《〈尚書通檢〉序》。

不但生在3000年後的我們不易讀懂，就是距今2000年前的人們也未必能順利閱讀，那時的文化中心又在東方的齊、魯，語法和詞彙不可能同西方一致，何況還是古代的西方語言。這只須看先秦諸子徵引的《尚書》，除了「若保赤子」等平易之文外，一般便不引《周誥》來論事，便大致可以想見這一事實。先生就從最難而又最重要的做起，翻譯體裁分校、釋、譯、論四項：一、本文，以唐石經為底本，加以分段、標點、校勘、改字；二、注解，集合各代人經說，每句取其一家（十之八九為近代人），作為翻譯之根據；三、譯文，即根據注解來，其非增字不可處以符號標出之；四、評論，說明此篇之真偽問題，指出其在歷史上之地位，並提出篇中難解決之問題。這種體裁在《尚書》整理中乃屬首創，先生亦將它應用到後來的工作中。

1959年起，先生集中力量整理《尚書‧大誥》，他認為《大誥》是《周誥》的第一篇，又是很難讀懂的一篇，「可是它在周代歷史裡是極關重要的一篇，必須努力擊破這個重點，然後可以充實周初歷史的內容。所以現在就從《大誥》做起」。[68]工作分校勘、解釋、章句、今譯、考證幾部分：校勘仍以《唐石經》為底本，集合各本將誤字、衍字、脫字甚至錯簡改定。這樣校定的本子就成為進一步解釋的基礎，對前人的注解，凡是客觀性強，合於當時的情形和語主的口氣的，就彙集攏來，打破今、古文和漢、宋學的藩籬；而且偏重近代，因為時代越近，比較材料越多，就越能推翻前人的誤說而建立近真的新說。自宋人釋經，注重體會語氣，開了桐城文家這一派的經說，清代從王引之以來又注意語法，近來又注重甲文、金文和經典的比較研

68　《〈尚書‧大誥〉今譯》（摘要）。

究，這種種方法有助於解釋，但現在要把全文貫通，有的地方還只能「強不知以為知」。解釋妥當的文字可分出章節和句子，加上標點；再譯為現代漢語。讀通以後還要知道該篇文字在歷史上起的作用，這就需要把其中的歷史事件考證清楚。他整理《尚書》的最終目的是「要認識古代的真面目，看清整個歷史的環節」，[69]故而在史事考證上費了極大功夫。1961年始，陸續寫出史事考證初稿、二稿；1962年，在《歷史研究》第四期上將《〈尚書‧大誥〉今譯》摘要發表其結論，打破了長期以來由於周王朝和儒家的宣傳而造成的文王、武王、周公是「十分仁慈的」，「救民於水火之中」的假像，指出：「關於西周初年的史料，偽的太多，真的太少。在春秋以下的書裡，為了周王朝和儒家的長期宣傳，在人們的印象裡，好像文王、武王和周公都是十分仁慈的，文王又是一個對商王朝忠心耿耿的臣子，只因商王紂暴虐過度，武王救民於水火之中，才不得不出師伐紂；周公東征則是第二次救民之師。凡是他們所到的地方，殷的人民都捧了簞食壺漿來歡迎，唯恐他們來得遲了。實際上，周的疆土和勢力的擴大，以文王時為主，武王只是在文王的基礎上發展了的，這讀了《大誥》就明白。殷、周的鬥爭原來是東、西方兩個大奴隸主國家的利益矛盾，其結果則是西方對於東方的血腥鎮壓，這看了周公東征以後東方各民族搬得七零八落就可以知道。」又說，自己「為了弄明白當時情形，只有用『沙裡淘金』的苦功夫，以最大的努力獲得一些有限的結果，因為周初史料絕大部分都毀滅了，除了青銅銘文外，唯有從春秋、戰國的記載裡尋取夾縫的資料；還不足，只得把秦、漢以下第三手的資料來補

69　《讀書、行路、求學問》，刊同前。

充」。因此這篇考證，是「集合二三千年中留下來的資料，加上七八百年中學者們不一致的討論，組織成一個歷史系統，希望對於周初史事的解決能起一個相當的作用」。他在1963年致葉國慶的信中又說道：譯《尚書》「首須從語言、文字、訓詁、文法諸學下手，不但要總結前人，並須超過前人，因此必須研究甲文、金文及其他經典，儘量利用比較資料，方可做出較為妥帖的結論。此事已極不易，而各篇文字處處牽涉古史及古代制度，又必以現代社會科學理論作解釋，那就範圍更廣，獲得結論更難。我年逾七十，精力已不如前，而工作之重乃遠過於前，殊有不勝負擔之苦」。[70]

　　在此期間先生又寫成《〈逸周書・世俘篇〉校注、寫定與評論》，此文推翻了武王在道統中的地位，是「辨古史之又一成果」。（日記）他以劉歆引用的《古文尚書・武成》逸文與《逸周書・世俘》比較，並從用語、曆法、制度、史實等幾方面，論述《世俘》必然是西周時代的一篇記載，進而根據清儒之說認定它即是《古文尚書》所亡逸之《武成》篇，是有關武王伐紂的重要史料。唯因過去錯簡脫亂太甚，無法辨讀；又因儒家過度宣傳他們理想中的聖王仁政，與此篇所言武王軍事行動之殘酷大相剌謬，故而此篇鮮見引用，根本不被人們所注意。先生不僅從《逸周書》中發掘出了一篇真《古文尚書》，把它詳加校注，將錯簡重新整理次序，寫為定本，使之文從字順；而且把有關史事也考辨清楚，在文中開了一個總帳：第一，殺人，除紂及其二妻自殺外，殺紂臣、殷王氏數百人；第二，征伐，所伐有方來、越戲方、陳、衛等近百國，所服有五百餘國；第三，禽禦（車），約八百

70　　轉引自《年譜》，第378頁。

餘輛；第四，俘馘，約幾十萬名；第五，狩獵，所得欄畜及野生畜約萬頭；第六，器物，其中玉器約十八萬塊；第七，祭牲，約三千餘頭。因而它真實地反映了武王克殷，以掠奪為其目的，以武力鎮壓為其手段，在兩三個月中派兵遣將，用血腥的鐵腕獲得了徹底的勝利，建立一個新王朝，「這是得到當時歷史的內在最本質的真實，跟後來周人所宣傳的人本主義的說法和戰國諸子的『仁政』理想以及許多唯心主義者的見解恰恰立於完全相反的地位」。[71]這一工作是先生在《尚書》整理中擴大視野所作的努力。

以後先生將《大誥譯證》全文分為上下兩編，上編為校勘、解釋、章句、今譯等文字部分；下編為史事考證部分，把產生《大誥》這篇重要文告的歷史背景即周公東征管、蔡、武庚這一關係於周王朝成敗的重大事件，作了細緻的考證，而且把周初民族大遷移的重要史實也清理出來。由於先生在治學上務博求全的特點，以致材料愈聚愈多，史實愈析愈明，由1962年的初稿30萬字逐年增改，直至1966年「文革」興起，臨近接受批判之際，這一工作才被迫停止，成稿70萬字。1966年8月14日的日記寫道：「整日續寫《周公執政稱王》約二千字，全稿訖。《大誥》考證乙，今日趕畢。從此須專讀毛選及報紙，每日到所參加組會，《尚書》工作暫停矣。考證丁中，尚有殷移民分三路移徙及唐、虞、夏之族與地試探二文待作，甚望他日能竟此功。」此時，他已是74歲高齡了，即使面對著鋪天蓋地的「文革」狂瀾，心中仍然牽掛著《尚書》研究工作，把它看得比生命還重要。在此前不久致楊寬信中曾說道，他正努力做好《尚書》研究，希望對於

71　《顧頡剛古史論文集》第二冊，第276頁。

建設商周史作出應有貢獻。如果此書不成，將死不瞑目。[72]「文革」後，先生與劉起釪于合任《尚書》工作，陸續發表《盤庚》、《西伯戡黎》、《金縢》、《湯誓》、《微子》等篇校釋譯論；他去世後，《尚書》工作由劉起釪接續下來。

《大誥》史事考證部分是先生晚年的力作，為探討周公東征史實這一主題，上及傳說時代和夏代，下及春秋戰國，試圖對建設商周時期的歷史作系統的論述；並且通過對上古神話傳說的重新全面清理，揭示出古代東方的大民族—鳥夷族—的組成、分佈及興亡。使用的材料，除《尚書》、《左傳》、《詩經》、《禮記》等經書及其注釋，以及《史》、《漢》等經過古人整理的史書之外，涉及幾乎所有的古籍，其中有《竹書紀年》、《逸周書》、《國語》、《國策》、《越絕書》、《水經注》、《山海經》等古史書、古地理書，《莊子》、《墨子》及《呂覽》、《淮南子》等先秦與秦漢子書，《皇王大紀》、《通鑒前編》、《繹史》等後代編定的史書，以及清人筆記專著，還有相當分量的甲骨金文的有關記錄、注釋和最新研究成果，甚至還吸收了於省吾、齊思和等學者的面告之語，確實可謂恢宏巨著。這一基本算是定稿的著作，自1984年起，分篇陸續在中華書局出版的《文史》中發表。《「三監」人物及其疆地》，討論武王克商後委派武庚、管、蔡管理殷畿。《周公執政稱王》，對周公稱王或攝王這個戰國以來盛傳的故事作了細緻的解剖，指出成王年不甚長，周公在嚴重的局勢下稱王而治，是戰國以下人從古代傳下來的歷史中逐漸演變的傳說；而成王在繈褓之中，由周公背負上朝，則是秦漢間人把這個故事極度誇張的結果；並由近

72　　楊寬：《顧頡剛先生和〈古史辨〉》，《光明日報》1982年7月19日。

代研究成果所提供的證據說明周公稱王的事實。《三監及東方諸國的反周軍事行動和周公的對策》，《周公東征和東方各族的遷徙》，《康王以下的東征和北征》，《三監的結局》，《奄和蒲姑的南遷》，《徐和淮夷的遷流》，及尚未發表的《祝融族諸國的興亡》等篇，研究的結論大致是：周公掌握政權後，管叔、蔡叔散佈謠言，同時武庚受了奄君的慫恿，想趁周室內部的不安定來恢復舊國，因此聯合管、蔡二叔及從前的屬國奄、徐、楚、豐、秦、淮夷、蒲姑等十幾個國家（大體上是商王族和東方土著祝融、鳥夷兩族），共同起兵反周。周公在危機面前一邊假借占卜，說服朝臣，一邊分化殷貴族，然後舉兵東征，用三年時間打敗叛軍。武庚北逃，管叔自殺，蔡叔被放逐。殷人或流亡東北，隨武庚另建新國；或被遷到周的陪都洛邑，受到管制；或分與新封各國，作了奴隸。原居東方的古國大量被滅，奄和蒲姑被遷到江南，徐和淮夷則繼續受到伯禽和周康王的打擊，也南遷，後來徐國被周穆王滅掉。嬴姓的秦國則西遷到了汾水渭河流域。原居河、濟間的楚人，始遷丹陽，繼遷荊山。另外尚未發表的約9萬字的《鳥夷族的圖騰崇拜及其氏族集團的興亡》，旨在說明古代的鳥夷民族族大人多，佔有中國沿海一帶，以淮水流域為其大本營，實跨《禹貢》揚、豫、徐、青諸州，延及於冀者則為夫餘；它分出五鳥、五鳩、五雉、九扈等支族。殷人、秦人、徐人的祖先各有一套卵生傳說（甲骨文中，在殷人的祖先「王亥」的「亥」字上加一個鳥形，可見他們對鳥圖騰的崇拜），從而斷定他們都屬於鳥夷一大部族。魯為少昊之虛，它周圍的郯、任、宿、須句、顓臾等國都是風姓，風即鳳，是以鳳鳥為圖騰的民族，因而風姓、嬴姓、偃姓、子姓都出於一個氏族的擴展，或是一個部落的分化。少昊、太昊則都是鳥夷族的祖先或是神話

中的大人物。

　　先生從時間和地域上對古民族的興亡流遷作出如此廣泛的敘述，正如他自己在前面說到的，面對有限的周初史料，除了青銅銘文外，只有從春秋戰國的記載裡尋取夾縫的資料，還需用秦漢以下的第三手資料作補充，這個極其艱難的工程，先生確以「沙裡淘金」的功夫完成了。因此可以說，先生長期研究《尚書》的實踐「證明他還是通過發掘古書中的有價值的真實資料來協助建立正確古史系統的」，「方法是辨偽與考信並取」。[73]然而真正做到以辨偽與考信並取的態度，通過發掘真材料來建立正確的古史系統，實際上是一件很不容易的事情。首先要有敏銳的眼光，能在眾多的文獻中鉤稽出有價值的材料；其次要有駕馭材料的功力，即材料挑選出來後如何使用，特別是經書以外的各種材料，往往是零碎的、雜亂的，怎樣結合考古學、古文字學、社會學、民族學的成果，將其連貫起來，解釋圓滿，沒有深厚的學問功底根本無法做到。這裡仍就《大誥》考證舉二例說明。在考證周公東征和東方各族遷徙時，《孟子‧滕文公》裡「有攸不為臣，東征，綏厥士女」是很關鍵的一句話。歷來注釋以「所」釋「攸」，以「安撫」釋「綏」，先生採用甲骨文的研究成果，說明「攸」是「條」的簡筆，而條即鳴條古國，地近殷都，國君條侯喜是紂克東夷的助手，這樣他必反抗周人，也必為周公東征的對象。「綏」字正如於省吾所說，為卜辭金文的「妥」字，像以爪擒女之形，猶古文「俘」本作「孚」，像以爪擒子之形，引申為俘掠之俘，故「妥」的本意為俘女。「綏」又訓為縛系，「綏厥士女」即捆縛了條國的男女為周人的

73　　邵東方：《崔述學術中的幾個問題》，《中國文化》第9期，1994。

奴隸。這和舊訓「安撫士女」之意恰恰相反，揭示了周公東征的殘酷真相。又據《越絕書‧吳地傳》記「東南大塚，淹君子女塚」，且近人陳志良《奄城訪古記》記常州附近有奄城遺址，知奄戰敗後遷常州；據《左傳》記載，蒲姑與奄本是二國，它們都在周公東征後南遷，《呂覽》所說「周人遂以師逐之，至於江南」，正是指此事。而《吳地傳》的「蒲姑大塚」，歷來學者均未解釋清楚，先生則認為這正是蒲姑遷到蘇州的證據。同時他根據丹徒縣出土的宜侯夨簋銘文，推測奄和蒲姑南遷後，周朝利用久居南方的太伯、仲雍的後裔監視他們，宜侯又封在長江邊，對它們有很大威脅，所以此二國在春秋中葉之後就被吳或宜滅掉。

先生在《尚書》研究中的成就得到學術界的稱讚。當《〈尚書‧大誥〉今譯（摘要）》發表後，李平心在《從〈尚書〉研究論到〈大誥〉校釋》一文中，讚許先生治《尚書》的計畫「博大而又周密，在《尚書》學史上還沒有過先例」。認為先生研究和整理《尚書》的法式，有幾個值得注意的特點：第一，把校勘、考證、訓解、章句和譯述有機地綜合起來，組成一個研究體系；第二，廣泛搜集材料，依據不同的《尚書》本子和石經殘文，以及群籍的引《書》的異文，從事校釋；第三，打破經學史上的門戶之見，對各家派的校勘、考證、注釋，擇善而從，並以自己的研究心得加以發展；第四，把各種問題的專門探索同《尚書》的一般研究相結合，能使專門知識和特殊材料為校釋服務；第五，處處從歷史角度進行考索，以求全面、具體地弄清楚《尚書》各篇的歷史背景和脈絡。因而「他的《今譯》事實上大大超過了譯述範圍，可以說是對《尚書》力求進行總結性的整理工作，

對2000餘年來的《尚書》學力求作出新的估價」。[74]以後，楊寬在《顧頡剛先生和〈古史辨〉》中說：50年代以來，「顧先生長期努力於各篇今文《尚書》的校釋研究。儘管清代以來學者作了很多校釋，存在的問題還很複雜，學者對此很難掌握。現在顧先生這樣做法，真正做到了王國維所說的：『著為定本，使人人聞商周人之言，如今人之相與語，而不苦古書之難讀。』（見《尚書核詁序》）這真是古史領域裡的重大建設。不但便於學者充分運用《尚書》以建設商周史，還便於用《周書》與西周金文作比較研究」。[75]許冠三在《新史學九十年》中也說：先生後期對於《尚書》的研究是「歷盡六十年的滄桑與曲折，他終能合疑古、辨偽、考信為一」所寫出的「一生最圓熟的謹嚴之作」。「不但會通了漢魏以後各類專家學說的精華，而且抉擇准當，論斷公允，其疏證之詳明精確與綿密細緻更在王國維之上。至於資料繁富，體例創新與雙重證據配搭的揮灑自如，猶在其次。」「顧氏所以有此空前創獲，關鍵仍在方法，文法語意演進觀點的運用尤為成功。」[76]

　　縱觀先生的古史研究工作，其前半生的重點是大刀闊斧地破除古史舊系統，分析諸種傳說流變的過程，以證實「層累說」的合理性，因此考古學方法的實際應用顯然不占太大比重。然而在其後半生裡，及時吸收考古學的成果，以期建立古史新系統，故而方法的變化有其必然性。晚年他曾對經文和金文在研究上的作用作過客觀的評價，認

74　《歷史研究》1962年第5期。
75　刊同前。
76　《新史學九十年》，第192—193頁。

為「經文—比較有系統，卻經過戰國至漢人的塗抹……金文—這是沒有系統的記載，但卻是千真萬確的記載」。[77]因此二者必須很好地結合才能對古史研究取得突破性的進展。這種不以一方面的材料排斥另一方面的材料的公允態度，在今天也是適用的。

77　《筆記》卷十，第7605頁。

第四章

開墾新的學術園地

4.1　開創民俗學研究

先生對於民俗學的偏愛，不僅由於他個人的經歷──「我所以敢大膽懷疑古史，實因從前看了二年戲，聚了一年歌謠，得到一點民俗學的意味的緣故」，[1]也即是說，他從戲劇和歌謠中得到研究古史的方法，並用民俗學的材料去印證古史；而且也因為在新文化運動中，整理國故以及推行白話文這兩項事業導致了人們對研究大眾文化的積極態度，這從1923年1月胡適在《〈國學季刊〉發刊宣言》中所說可以看出：

> 在歷史的眼光裡，今日民間小兒女的歌謠，和《詩三百篇》有同等的位置；民間流傳的小說，和高文典冊有同等的位置……一本石印小字的《平妖傳》和一部精刻的殘本《五代史平話》有同樣的價值，正如《道藏》裡極荒謬的道教經典和《尚書》《周易》有同等的研究價值。
>
> 總之，我們所謂「用歷史的眼光來擴大國學研究的範圍」，只是要我們大家認清國學是國故學，而國故學包括一切過去的文化歷史。……過去種種，上自思想學術之大，下至一個字，一隻山歌之細，都是歷史，都屬於國學研究的範圍。[2]

胡適雖然把大眾作品納入了自己的研究視野，但對於民眾文化並沒有多大興趣，他始終保持一種上等人的優越感。不過他所提倡的

1　　《我的研究古史的計畫》，《古一》，第214頁。
2　　《胡適文選》，亞東圖書館，1930，第322—323頁。

「用歷史的眼光來擴大國學研究的範圍」的觀念，以及當時社會上「到民間去」的呼聲，卻使先生深受啟發和鼓舞。先生認識到：「在社會運動上著想，我們應當知道民眾的生活狀況。」[3]歷來讀書人和民眾的距離太遠了，讀書人自以為高雅、尊貴而視民眾為粗俗、下賤，二者格格不入。在從前的賢人政治之下，只要有幾個賢士大夫就可以造成有聲有色的政治事業，這當然可以不理會民眾。但到了今天，政治的責任應由全國人民共同負擔，知識階級已再不能包辦了，應和民眾聯合起來，故而產生「到民間去」的呼聲。然而因為知識階級的自尊自貴的惡習不容易除掉，所以只聽見「到民間去」的呼聲，看不見「到民間去」的行動。若要真正接近民眾，必須先有所瞭解，這就要用種種方法去調查他們的生活。同時，「在研究學問上著想，我們應當知道民眾的生活狀況」。從前的學問的領域何等狹窄，它的對象只限於書本，書本又只以經書為主體，經書又只要三年通一經便為專門之學。現在可不然了，學問的對象變為全世界的事物了！由這複雜的世界便可推知學問領域的廣闊，凡是我們看到的東西，自己感受了趣味，要得到深切的瞭解而往前研究，從此搜集材料，加以整理及解釋，這便是學問。在今天，稍微知道一點學問的人都覺得學問上的一尊之見應該打破，但至今還沒有打破。究其原因，只因打破一尊的話是空的，實際上加入的新材料並不多，造不起一般人的新見解，所以舊見解還是占勢力。要增加新材料，必須提起親自搜集材料的興致，進而作研究工作。

3　《〈妙峰山進香專號〉引言》，《妙峰山》，中山大學語言歷史學研究所，1928，第4—6頁。

於是先生身體力行，就可以著手之處做出榜樣，勇敢地衝出舊有學問的領域而翱翔於海闊天空的世界中，把民間的歌謠、戲劇、故事、風俗、宗教和高文典冊裡的經學、史學放在平等的地位上做研究的題材，如以孟姜女故事的變遷論證古史中傳說的演變，以歌謠論證《詩經》是古代詩歌總集，以妙峰山香會論證古代的社祀。他在上海的遊戲場中，可以從演奏的小調想像古時樂府變雜劇的樣子，從雙簧想像古時的滑稽戲，從各地不同的歌聲想像國風的異致，無論遊戲場裡如何塵俗，而他總覺得自有會心之處。對於妙峰山香會的調查，他認為不能譏笑從妙峰山下來的人戴的紅花為野蠻而尊重耶穌耶誕節的聖誕樹為文明，不能斥責《京報》中的《妙峰山專號》為下俗而推崇《史記》中的《封禪書》為高雅，因為它們的性質相同，很可以作為比較研究的材料。當北大建校27周年時，先生為紀念會佈置陳列室，展覽校中考古學會、明清史料整理會、風俗學會、歌謠研究會的成績，希望參觀者從古代看到現代，得到一點歷史的觀念，又從皇帝看到小民，得到一點學術平等的觀念。但不少參觀者在考古室時感到鼎彝的名貴，在明清史料室時感到詔諭的尊嚴，而在風俗和歌謠室時便表示輕蔑的態度。先生感到這是「最不瞭解我們的態度的地方」，在他看來，學問的材料，只要是一件事物，沒有不可用的，絕對沒有雅俗、貴賤、賢愚、善惡、美醜、淨染等等的界限；因而在《北京大學研究所國學門週刊一九二六年始刊詞》[4]中表白道：「凡是真實的學問，都是不受制於時代的古今，階級的尊卑，價格的貴賤，應用的好壞的。」「是一律平等的。」「在我們的眼光裡，只見到各個的古物、

4　　《北京大學研究所國學門週刊》2卷13期，1926年1月。

史料、風俗物品和歌謠都是一件東西，這些東西都有它的來源，都有它的經歷，都有它的生存的壽命」，這些「都是我們可以著手研究的」。其實，當「五四」一周年時，先生在為《晨報·五四紀念號》所作《我們最要緊著手的兩種運動》[5]文中就指出：要改造中國，一是要開展教育運動，「自己投入農工的社會」，以交相融洽，隨了境遇去做宣傳教育民眾的事業；一是要開展學術運動，把當前世界上清楚明白有系統的知識傳播到中國來，醫治數千年的積疾，同時將本國的「性情、風俗、書籍、器物」等「一向沒有拿學問的眼光斟酌的」，逐層整理出來，供社會的應用，再可貢獻於世界。由此可知先生早已認識到與民眾溝通的重要，認識到研究學問就應當知道民眾的生活狀況，學問已從過去狹窄的領域變為全世界的事物了。這些不僅反映出他的博學、慎思明辨，還反映出他已經從舊時的士大夫階層的知識份子中脫離出來，走入民眾中了。關於這一點，在他1927年所作《悼王靜安先生》[6]一文中也可以進一步看出來：他哀悼王氏學問的同時，又批評了王氏的「士大夫階級的架子」，認為做文章和研究學問的人，「地位跟土木工、雕刻工、農夫、織女的地位是一樣的」，「都是作工」，「都是憑了自己的能力，收得了材料，造成許多新事物」，應當「把學者們脫離士大夫階級而歸入工人階級」。

因而《劍橋中國史》中，認為先生對民眾文化的研究，顯示了新文化運動所包含的大眾文化的主題，並且「一開始就體現了以通俗形式傳播新的教育性內容的意圖」。[7]同時，自幼與民間文化的接近使先

5　　《晨報·五四紀念增刊》1920年5月4日。
6　　刊同前。
7　　《劍橋中國史》第十二卷第八章，劍橋大學，1983，轉引自《五四：文化的闡

生對之不會有抵觸情緒而有親切之感，先生甚至看到民眾文化中「保存著一點新鮮氣象」，而這正是拯救民族衰老的「強壯性的血液」。[8]

依當今民俗學家的意見，我國近代民俗學發端於北京大學教授的徵集歌謠及北大歌謠研究會的成立、《歌謠》週刊的創刊；而廣州中山大學民俗學會的成立以及《民俗》週刊的創刊，則標誌我國民俗學的奠基與正式開展。[9]先生在這兩個時期都起了非常重要的作用。

在北大時，先生不僅是後期《歌謠》週刊以及《北大研究所國學門週刊》（即由《歌謠》擴充而成）的主持者，而且積極投入其中各項工作。

首先是對吳歌的搜集、整理和研究。前面已經談到一些先生搜集歌謠的經過。1920年，郭紹虞在《晨報》上介紹發表了先生搜集的歌謠，引起人們很大的注意，因為當時在報紙上登載歌謠還是創舉，加之先生記錄歌謠又很科學，除忠實記錄外，還對方言注音、解釋，並說明這歌謠是如何配合遊戲或儀式的動作的，於是先生便以「研究歌謠的專家」出了名。後來他從搜集的歌謠裡選了百首，編為《吳歌甲集》，在《歌謠》週刊上連載，1926年7月，又由北大歌謠研究會印為專書出版。先生認為整理歌謠要切實做一番文字學的整理工作，因為裡面實在有許多解不出的句子，寫不出的文字，考不定的事實。在整理過程中他一邊與師友討論問題，一邊作《寫歌雜記》，以歌謠來

釋與評價—西方學者論五四》，山西人民出版社，1989。
8　　《妙峰山的香會》，《妙峰山》，第74頁。
9　　參見楊堃：《關於民俗學的幾個問題》，《社會科學輯刊》1982年2期；鍾敬文：《民俗學的研究對象、範圍、方法及其他》，《文史知識》1985年6期；王文寶：《中國民俗學發展史》，遼寧大學出版社，1987。

論證以前經師對《詩經》的誤解，並將這些均收入《吳歌甲集》。該書受到學術界的重視，胡適的序說：該書「是獨立的吳語文學的第一部」，與彈詞、昆曲之有官話成分不同，它是「道地的方言文學」。「頡剛收集之功，校注之勤，我們都很敬服。他的《寫歌雜記》裡有許多很有趣味又很有價值的討論（如論『起興』等章），可以使我們增添不少關於《詩經》的見識。」「這部書的出世真可說是給中國文學史開一新紀元了。」劉復的序說：該書的編印「更是咱們『歌謠店』開張七八年以來第一件大事，不得不大書特書的」。這些評論顯示了此書的價值，即使在60年後的今天，它的價值依然存在，如鐘敬文在《〈孟姜女故事論文集〉序》中所說：先生對民間文藝學的一個重要方面—歌謠學所作出的卓著的貢獻，「就是那部在二十世紀二十年代中刊行的《吳歌甲集》。我們這樣說，並不僅僅因為那部集子的出世時間比較早些和所收集的資料相當豐富。它的優點還另有所在」。它「有比較詳細的注釋、解說，和對篇中所涉及的某些問題作了理論探索（《寫歌雜記》，並附有編者師友的專門性的研究、討論文章）。這些文章，使它不只是個一般性的歌謠資料集，而是具有較高的科學價值的歌謠學著述了」。[10]儘管先生治吳歌是作為他研究歷史的輔助，想「借此窺見民歌和兒歌的真相，知道歷史上所謂童謠的性質究竟是怎樣的，《詩經》上所載的詩篇是否有一部分確為民間流行的徒歌」，[11]然而他的《吳歌甲集》確實已成為中國第一部科學記錄的民歌集。

<hr />

10　　中國民間文藝出版社，1983。
11　　《古一序》，第75頁。

再者是對於孟姜女故事的研究。孟姜女哭倒長城的故事傳遍全國，但它的歷史卻比秦始皇還要早幾百年，從春秋至今已有2500多年了。前代學者對它流傳的情況已加以注意，先生在輯鄭樵的《詩》說時，偶然從其《通志・樂略》中看到他論漢代蔡邕《琴操》之言，得知：杞梁之妻故事是由經傳的數十言而為稗官之流演變成後來的千萬言；隨後又從姚際恒《詩經通論・鄭風・有女同車》中得知，在未有杞梁之妻的故事時，孟姜一名早已成為美女的通名了。先生由此「驚訝其歷年的久遠，引動了搜集這件故事的好奇心」。[12]自從動了這個念頭，許多材料便陸續奔赴到眼前來，他把這些材料略略整理，很自然地排出了一個變遷的線索。1924年11月，應歌謠研究會之邀，寫出《孟姜女故事的轉變》一篇長文，列舉《左傳》、《檀弓》、《孟子》、《列女傳》等史籍所述，指出：杞梁之妻的故事的中心，在戰國以前是不受郊吊，在西漢以前是悲歌哀哭，在西漢的後期，又從悲歌而變為崩城，所崩之城不離乎齊國的附近，杞梁夫婦也總是春秋時的人，齊國的臣民；而到了唐朝才有萬里尋夫、哭倒長城之說，與秦始皇掛上了鉤。至於孟姜一名，由《詩經》得知原是周代美女的通稱，自南宋《孟子疏》中始將其作為杞梁之妻的姓名。此文刊出後，在學術界引起震動，因為先生用研究史學的科學方法、精神來對社會上向來被認為「不登大雅之堂」的故事傳說進行研究，使人耳目一新。當時正在巴黎留學的劉復給先生來信說：此文「教我佩服得五體投地。你用第一等史學家的眼光與手段來研究這故事；這故事是二千五百年來一個有價值的故事，你那文章也是二千五百年來一篇有價值的文章」。[13]

12　　《古一序》，第67頁。
13　　劉復：《敦煌寫本中之孟姜女小唱》，《孟姜女故事研究集》，上海古籍出版社，

並寄來在巴黎國家圖書館所抄的敦煌卷子中唐宋間人有關孟姜女的小唱。以後劉復在《〈吳歌甲集〉序》中又說：「前年顧剛做出孟姜女考證來，我就羨慕得眼睛裡噴火，寫信給他說，『中國民俗學上的第一把交椅，給你搶去坐穩了』。」這一工作當時受到不少人熱情支援，或幫助搜集有關的歌謠、唱本、寶卷、碑版等資料，或通信討論故事內容，一時間成了好幾十位學者共同的課題。先生將這些來信加上自己的見解都編為《孟姜女專號》，在《歌謠》週刊和接續的《北大研究所國學門週刊》上刊載了17期，可謂成績豐富多彩。魏建功後來在《〈歌謠〉四十年》中說道：《孟姜女專號》「最典型地體現了人們自發自願、肯想肯幹、互相啟發、不斷影響的範例」。[14]「從那時起，人們對現行故事傳說的源遠流長，認識更加明確。」這無疑是受了先生史學家眼光的影響。

至1926年，先生在寫《古史辨》第一冊《自序》時，將兩年中搜集到的2000多年來的文獻記載和遍佈全國各地的民間傳說、文學藝術中的有關孟姜女故事資料，按歷史的系統和地域的系統開一篇3萬字的總帳，欲作為研究古史的方法的旁證；但為避免將序文前後隔斷，故而將此部分獨立為一文，以《孟姜女故事研究》為題發表。文中指出：由顧炎武的《日知錄》等書可看出，清代學者追尋該故事的變遷，對誰始說哭，誰始說崩城，誰始說崩長城，已分辨得很清楚，可見他們已大致掌握了它演變的蹤跡；然而，他們以為「諸史並無婦哭城崩事」，將這些變遷只看作前人的附會，不足信。這是他們把故事

1984，第185頁。
14   《民間文學》1962年第2期。

傳說混同於歷史事實，故而「沒有變化的觀念而有『定於一』的觀念……他們要把同官和澧州的不同的孟姜女合為一人，要把前後變名的杞梁妻和孟姜女分為二人，要把范夫人當作孟姜女而與杞梁妻分立，要把哭崩的城釋為莒城或齊長城」。現在通過此文所搜集的證據，大家可以明白：「故事是沒有固定的體的，故事的體便在前後左右的種種變化上。例如孟姜女的生地，有長清、安蕭、同官、泗州、務州（武州）、乍浦、華亭、江甯諸說；她的死地，有益都、同官、澧州、潼關、山海關、綏中、東海、鴨綠江諸說。又如她的死法，有投水、跳海、觸石、騰雲、哭死、力竭、城牆壓死、投火化煙，及壽至九十九諸說。又如哭倒的城，有五丈、二三里、三千餘丈、八百里、萬里、十萬里諸說。又如被她哭崩的城的地點，有杞城、長城、穆陵關、潼關、山海關、韓城、綏中、長安諸說；尋夫的路線，有渡澮河而北行、出秦嶺而西北行、經泗州到長城、經鎮江到山海關、經把城關到潼關諸說……這種話真是雜亂極了，怪誕極了，稍有知識的人應當知道這是全靠不住的。但我們將因它們的全靠不住而一切推翻嗎？這也不然。因為在各時各地的民眾的意想中是確實如此的，我們原只能推翻它們的史實上的地位而絕不能推翻它們的傳說上的地位。我們既經看出了它們的傳說上的地位，就不必用『定於一』的觀念去枉費心思了。」又指出：「清劉開《廣列女傳》的『杞植妻』條云：『杞植之妻孟姜。植婚三日，即被調至長城，久役而死。姜往哭之，城為之崩，遂負骨歸葬而死。』我們只要看了這一條，便可知道民間的種種有趣味的傳說全給他刪去了，剩下來的只有一個無關痛癢的輪廓，除了萬免不掉的崩城一事之外確沒有神話的意味了。」「所以若把《廣列女傳》所述的看作孟姜的真事實；把唱本、小說、戲本……中所說

的看作怪誕不經之談，固然是去偽存真的一團好意，但在實際上卻本末倒置了。」[15]先生將前人「本末倒置」的眼光又顛倒過來，從故事傳說的本身去研究，的確是超越前人，作出劃時代的貢獻。因此劉復稱讚他的文章是2500年來一篇有價值的文章，是確切的。而且由於發表了第一篇孟姜女研究論文之後各地同仁的來信，使他得以見到各地方的民眾傳說中的孟姜女故事的本來面目，比前人僅限於書本上孟姜女資料的研究有了根本的不同。書本雖博，總是士大夫們的「孟姜女」；孟姜女的故事，本不是士大夫們造成的，乃是民眾們一層一層地造成之後而給士大夫們借去使用的。這樣，先生便使故事傳說的研究走上了超出書本而深入社會實際生活的新路。正如鍾敬文在《〈孟姜女故事論文集〉序》中所說：孟姜女故事的研究，是使先生「取得世界聲名的科學業績」，其成果不但「為我們學界建立了一種嶄新的傳說科學，而且給從長期封建社會的古舊學術傳統中開始覺醒過來的青年學者，開闢了一條新的學術道路，形成一種新的學術風氣。當時有不少人是跟他走上這條路的。用不著諱言，我自己也正是其中的一員」。

還有對於神道和社會的研究。

先生研究神道的興趣，是由東嶽廟引起的。他看到蘇州和北京的東嶽廟有許多不同的神名，便知道各地的神道雖然同屬道教之下，但並沒有統一。由此即可窺見各地民眾的信仰，更看到道教裡所受佛教影響，以及佛教自身所受影響，也可明白宗教激蕩的勢力。東嶽本是

15　《孟姜女故事研究集》，第69—73頁。

齊國的上帝（據《漢書‧郊祀志》），由於齊國文化較發達因而它的聲望也較高，至漢以後成為專任掌握生殺之權的神。佛教傳入，帶來了閻羅王，與東嶽大帝並存，死人受著雙重的管束。東嶽廟中也雕塑十殿閻羅，把它們派做了嶽帝的屬吏。一部《道藏》，用實用的眼光看固然十之八九都是荒謬話，但其中記載著民間的信仰與思想，記載著許多神話故事的傳衍遞變，若要研究這方面的問題時，這種書比儒學正統的《十三經》重要得多。對於神道的研究步驟，先生擬從《楚辭》、《國語》（包括《左傳》）、《山海經》、《漢書‧郊祀志》等書入手，認識道教未起時各地的神道；更把佛道二教的神作比較，以認識受了佛教影響而成立的道教的神道；再把各地的神道互相比較，以認識在不統一的道教之下的各種地方性的神道。這些問題一經思考，它們的變遷情形便很顯著。例如碧霞元君為北方的女神，其勢力由於泰山的分化；天妃為南方的女神，其勢力由於海神的結合：這是含有地方性的。道教中本來只應崇奉玉帝為最高主宰，但因佛教中有三世佛，所以又模仿它而建立三清天尊，地位與玉帝相似：這是受佛教影響的。古代的神有生有死，有嗜欲，有攻伐（可見之於《山海經》等書），和希臘的神話差不多。所以那時的女神會為愛情顛倒，如《楚辭‧九歌》中的湘夫人，《高唐》、《神女》兩賦中的巫山神女，《洛神賦》中的宓妃，無不相思惆悵。固然這些都是文人的托言，但至少在當時民眾的意想之中是接受這些的。自從佛教流入，神道成了超絕的人格，一切的嗜欲都染不到，生死更說不上，愛情變成了猥褻，於是女神和男神就同具了嚴正的性格，風流豔冶之事全付予狐精花怪們了。這是道教未成立時的神道和後世的神道的不同。先生深信這方面的研究如可有些結果，必能使古史的考證得到許多的便利。可是這方

面的研究不能單靠書籍，必須親自到各地考察，搜集材料，但經濟的拮据限制了他，僅到過東嶽廟、白雲觀、碧霞元君廟等處，文章也僅寫了《東嶽廟的七十二司》和《東嶽廟遊記》、《北京東嶽廟與蘇州東嶽廟的司官的比較》。在《遊記》文中，先生對近人心目中的神話，作了簡明的歷史解釋，指出神道包括以下幾部分：中國古代原有的神、由真實的人而神化的，中國邊遠民族傳進來的，隨佛教傳進來的，中國後起的。這對於研究我國神道的起源和發展，具有啟蒙的作用。

先生對於社會（祀社神之集會）的研究，是從討論禹為社神引起的。古代祭祀社神的儀式，現在已經基本停止，但鄉村祭神的結會，迎神送崇的賽會，朝頂進香的香會，都是社會的變相。先生很想領略現在社會的風味，希望從中得到一些古代社祀的暗示。北京西北80裡的妙峰山是一個北方有名的香主，每年陰曆四月初一至十五為進香之期。1925年的會期中，先生和北大研究所風俗研究會的同人前往調查了3天，知道他們是按職業或居住的地方聯絡結成香會，除祀神之外還佈施一切用具、食物，或盡了自己的技能去娛樂神靈、幫助香客。那裡一切有人招呼，仿佛進了理想的樂園。香會的經費，在鄉下的是按畝抽捐，在城裡的是就本業捐款或向人募款。香會的組織極有秩序，有一定的日程和各種管事職務，所以人數雖多而不紊亂，進香者極其誠心。先生認為，朝山進香是民眾生活上的一件大事。他們儲蓄了一年的活動力，在春夏間作出半個月的宗教事業，發展他們的信仰、團結、社交、美術的各種能力，這真是宗教學、社會學、心理學、民俗學、美學、教育學等等的好材料，是一種活潑潑的新鮮材

料！同時，在那裡，迷眼的是香煙，震耳的是鼓樂，身受的是款待，使人只覺得神秘、健壯、親善的可愛，卻忘記了他們所崇奉的乃是一種淺薄的宗教。這使先生對於春秋時的「祈望」和戰國後的「封禪」得到一種瞭解，因此他很想把各地方的社會的儀式和目的弄明白了，把春秋以來的社祀的歷史也弄清楚了，使得二者可以銜接起來。歸後，這幾位調查者從各自所關注的學術角度，對香會作出多學科的分析，先生將此編為《妙峰山進香專號》，在《京報副刊》上陸續刊出六期，以後在中山大學結集為一冊《妙峰山》出版。在這些調查報告中，以先生的《妙峰山的香會》最為詳細，對香會的來源、組織以及明、清兩代和本年的香會情況都有詳盡的考察。

妙峰山香會調查，是中國第一次有目的、有計劃、有組織的民俗學田野作業，當《專號》在《京報副刊》發表後，便引起學術界的重視，對先生的評價則更高。江紹原在《北大風俗調查會〈妙峰山進香專號〉書後》中說：「現今的民眾宗教的研究，則顧頡剛先生的妙峰山香會調查，在邦人中只怕是絕無僅有的。」「如果顧頡剛早生幾千年，而且多托生中國若干次，由他調查記載古中國的民禮民教像他此刻的調查記載妙峰山香會，則我們寫中國法術宗教的人，真不知可以多出多少有價值的材料，真不知可以省多少心思也。」傅彥長在《中華民族有藝術文化的時候》中認為，關於民族的藝術文化的調查報告，以先生的《妙峰山進香》等論文為最詳細。「顧先生以研究古史著名……而在研究民族的藝術文化方面，其偉大的力量，在現代中國我還沒有見過第二個人可與他相比。他不怕辛苦，親自到民間去調查，用最熱烈的同情心與最懇切的瞭解力來報告我們，使向來不受聖

賢之徒所抬舉的民眾增高他們的地位，其功實在他所著的《古史辨》之上。」何思敬在《讀妙峰山進香專號》中說：「頡剛先生在我們中國學術界中確是一個霹靂，這想是大家都感到的。」「我們自己民間的宗教生活，有些簡直沒有歷史的記錄，自己都不理解，也不想理解。」「對於這些東西引起知識欲是不值得的，且失體面的。有這情形，以致至今沒有人來理會民間的宗教生活。妙峰山專號就是打破這種暮氣的一個霹靂。不特關於民間宗教，科學的調查是第一次，並且這第一次的調查已經得到很好的成績。這全靠此專號作者們的同心協力，尤其頡剛先生的精敏周到。他在專號中確是一個最忠實的調查者。」「頡剛先生的精神不獨我一個人，想大家都承認是一個時代的所謂時代精神（Zeitgeist），而他便是這個精神的代表選手。」[16]

這些評論足以證明，先生以自己的努力，確確實實為中國學術界開創了一個新天地，他對民眾文化的興趣和研究，在當時不僅使國外學者認為「中國有新國學之發生」，同時也使在國外留學而對國內學術界甚隔膜的中國學者感到「中國學術界起了革命」，「感到從沒有預期的不可名狀的驚異」。[17]

1926年，北京政局不穩，先生與北大幾位同人南下，就職於廈門大學，不久又因該校起風潮而到廣州中山大學任職。先生未能忘懷北大自成立歌謠研究會以來所搜集的2萬餘首歌謠諺語及數千篇故事和風俗調查，亦未能忘懷在廈大時所搜集的廈門、泉州、福州等地的數百件風俗物品，由於不能將它們公之於世，既難於讓世人瞭解，又難

16　《妙峰山》，第234—237，244，249頁。
17　何思敬：《讀妙峰山進香專號》，《妙峰山》，第248頁。

於保存下來。因為有了這幾次的創痕和悵念，所以先生到了中山大學之後，便於1927年11月，在該校語言歷史學研究所內發起成立民俗學會—我國第一個正式的民俗學會，刊行民俗學會叢書，又編輯《民俗》週刊，主張將收到的材料多多刊印，使得中山大學所收藏的材料成為學術界中公有的材料。他說：「即使我們這個團體遭逢不幸，但這些初露的材料靠了印刷的傳佈是不會滅亡的了；這些種子散播出去，將來也許成為長林豐草呢！」[18]那時中山大學方始開辦，又是地處北伐革命的發源地—廣州，故頗有朝氣。這樣，在北大未正式開展的民俗學運動，由於先生苦心孤詣所作的分　移植的辛勤勞動，終於在廣州中大實現了。

1928年1月，先生為《民俗學會叢書》所作的《弁言》，充分表達了對於民俗學這片新天地的興奮。文中說：民俗可以成為一種學問，以前人絕不會夢想到。他們固然從初民以來早有許多生活的法則，有許多想像的天地，但他們只能作非意識的創造和身不由主的隨從，從來不會指出這些事實的形式和因果。現在，我們的眼睛已為潮流的激蕩而張開了，陡然看見這片未開墾的沃野，心知在這很近的時期之內可以獲得這一筆大產業，哪裡禁得住不高興，哪裡禁得住不呼喊道：「我們要開闢這些肥土！我們要在這方面得到豐盛的收穫！」他將這部叢書作為努力開墾這片沃野的工作之一，希望同仁諸君能夠明瞭自己的責任，各各作整理方法的訓練，各各規定了工作的範圍而致力，在一個團體之中分工合作。

18　　《〈閩歌甲集〉序》，轉引自《年譜》，第146頁。

這年3月，先生為《民俗》週刊所作的《發刊辭》，更把那種鄙視封建主義舊文化、讚頌民眾文化的激昂情緒發揮得淋漓盡致。因為時代不同了—皇帝打倒了，士大夫們隨著跌翻了，小民的地位卻提高了；到了現在，他們自己的面目和心情都可以透露出來了！一面對時代所賦予的使命，此文末尾以口號的形式高呼：

　　我們要站在民眾的立場上來認識民眾！
　　我們要探檢各種民眾的生活，民眾的欲求，來認識整個的社會！
　　我們自己就是民眾，應該各各體驗自己的生活！
　　我們要把幾千年埋沒著的民眾藝術，民眾信仰，民眾習慣，一層一層地發掘出來！
　　我們要打破以聖賢為中心的歷史，建設全民眾的歷史！

　　這完全是以一種戰鬥的口氣，吹響了民俗學運動的號角，此文被當今民俗學界稱為「我國民俗學運動的一篇宣言書和動員令」，[19]可謂當之無愧。從此文通篇所貫穿的「要打破以聖賢為中心的歷史，建設全民眾的歷史」的精神來看，說明「民俗學與史學的關係，非常密切」。「若不加上『民俗』兩字和放在《民俗》週刊之內」，就會被學術界「認為是一篇新史學運動的宣言」。而北大歌謠研究會的中心人物（如劉復、沈兼士、周作人），都是文學興趣大於科學興趣，況且那時民俗學的招牌尚未正式揭出；因此可以說，廣州中大所開展的民俗學運動「原是一種新史學運動，故較北大時期已有不同，並有進

19　王文寶：《中國民俗學發展史》，第75頁。

步。這是代表兩個階段，也是代表兩個學派的」。[20]

就在寫《發刊辭》10餘日後，先生又到嶺南大學講演《聖賢文化與民眾文化》，為民俗學會作鼓吹。他指出，由於史料記載的偏畸—都是關於貴族方面的材料，（《史記》尚是比較能留心民眾的，它肯記及貨殖與遊俠，其他的史書便連這一點也沒有了。）因而自己研究歷史感受到對此「最沒法措置的」「痛苦」；並進一步分析了作為貴族護身符的聖賢文化的核心—聖道、王功、經典，再次闡發了「我們研究歷史的人，受著時勢的激蕩，建立明白的意志：要打破以貴族為中心的歷史，打破以聖賢文化為固定的生活方式的歷史，而要揭發全民眾的歷史」。「要研究舊文化，創造新文化」，把聖賢文化和民眾文化作「平等研究」。「現在中山大學有民俗學會的組織，就是立意在繼續北大同人所要做而未成功的工作。」[21]先生的這些觀點是新文化運動的民主與科學精神的具體表現，他既打破尊卑、貴賤的界限，把聖賢與民眾看得一律平等，又不是全盤否定舊文化，而是要在研究舊文化的同時創造新文化。這也許就是他能夠把歷史學和民俗學結合得如此天衣無縫的奧妙所在，就是既從事最高深的學問（如《尚書》研究）又作最通俗的宣傳教育（如通俗讀物的編刊）的原因所在。這在當代史學大師中是絕無僅有的。

自50年代始，民俗學在我們社會中被作為資產階級的學術，受到批判而消沉了，僅存民間文藝還在繼續發展。先生以數年之力，編輯《孟姜女故事資料集》，這部百萬字之稿不幸毀於「文革」之初，令

20　楊堃：《關於民俗學的幾個問題》，刊同前。
21　《民俗》第5期，1928年4月。

人扼腕歎息。但先生仍惦念於此，至「文革」後的1978年，他與鐘敬文等人聯名上書中國社科院領導，建議設立民俗學及其有關研究機構；不久又寫信與中國民間文藝研究會的領導，請其派人來幫助整理有關蘇州歌謠、妙峰山香會、孟姜女故事之資料，並在為該會填寫「會員登記表」時，殷切希望該會恢復工作後切實做好普及和提高兩方面之事。雖然先生在有生之年沒能看到其60年的工作得有「一個理想中的結束」，[22]但他對於民俗學所作的貢獻已是不可磨滅的了。

先生以民俗學的研究方法對我國新史學有獨特創建，又以新史學家的眼光和手段使我國民俗學在發端及奠基之時即立於一個很高的起點之上。以至在70年後的今天，90高齡仍筆耕不輟的鐘敬文認為：自己的文章在成熟的程度上，「還比不上顧先生在二十年代中期所作的那篇《孟姜女故事研究》。這可見顧頡剛先生在民間文學等領域的非凡成就，也說明他在學術進程上的早熟情況」。[23]無怪乎當五六十年前，國外學術界即作過以下評價：「即使說中國民俗學的研究是顧先生首創和培育起來的，恐怕也不過分。」[24]

4.2　創建歷史地理學科

先生研究古史，自然包括古代地理。疆域是研究古史觀念的工具，當他提出「層累說」，推翻非信史之初，即立志要打破地域向來

22　1979年3月24日致賈芝信，轉引自《年譜》，第396頁。
23　在1993年顧頡剛先生誕辰一百周年紀念會發言，刊《中國文化研究》1994年春季號（總第3期）。
24　平岡武夫：《古史辨自序》日譯本《譯者前言》，創元社，1940。

一統的觀念，指出《禹貢》的九州、《堯典》的四罪、《史記》的黃帝四至乃是戰國時七國的疆域，而《堯典》的羲、和四宅以交趾入版圖更是秦漢的疆域；由甲骨文中的地名可知商代天下自限於「邦畿千里」之內，周代雖立封建制亦未曾沒收了蠻貊的土地以為統一之計，直至秦並六國方始統一，因此不能以戰國的七國和秦的四十郡作為上古早就定局的地域。1928年在中山大學開「古代地理研究」課，一是由《禹貢》、《職方》、《王會》、《山海經》、《淮南·地形訓》等文中搜集古人所說的「前代」的地理材料，照他們所說的時代去編排，看其對「分野」、「分州」、「四至」、「五嶽」、「四裔」、「五服」等主張，如何從不同而變為相同，如何從想像而變為事實，尋出他們所立的舊系統。一是搜集古人所說的「當時」的地理材料，依時代的次序去編排，看出古代疆域的實際狀況：從甲骨文中看商代地域，從金文、《詩》、《書》中看西周地域，從《春秋》、《國語》、《左傳》中看東周地域，從《戰國策》、先秦諸子中看戰國地域，從《史記》、《漢書》中看秦漢地域，以備今天建立新系統；同時將後一類真實材料和前一類材料相比較，以推求前類諸篇的著作時代。也就是說，先生對於古代地理的研究，既是為了考訂古文籍，也是為了建立真實的古史體系。在此課講義裡，他將所搜集的材料一一加按，從《五帝德》說到《山海經》，從《王亥、王恒等與有易之關係》說到周代天子行幸征伐，從甲骨文地名說到金文地名，既論述昆侖、積石、弱水、勃海的具體地方，也探討鬼方、昆夷、嚴允的活動區域，可以說是三代地理無所不包了。

　　1931年，先生在燕京大學、北京大學兩校開「《尚書》研究」

課，以歷史地理方面的材料去考定《堯典》、《禹貢》的著作時代。
對於古史研究來說，地理方面的知識既是迫切需要的，又是最為缺乏
的，先生常常感到，非有一班人對於古人傳下的材料作深切的鑽研，
就無法抽出一點常識作治史學或地學的基礎。因而在1932年改開了
「中國古代地理沿革史」課，一方面可借了教書來逼著自己讀書，另
一方面可培養出一批這方面的人材。（或許當1931年秋，他與燕大研
究院學生譚其驤討論《堯典》中的十二州與漢代州制關係之時，就已
產生了開這門課的念頭了。）那時，燕大、北大兩校上這門課的學生
有三四十人，對課業都很用功，又很能提出自己的見解，師生之間經
常切磋，相互激勵。1933年先生所作《州與嶽的演變》一文，就是以
與譚其驤、翁獨健、王樹民、楊向奎諸同學的討論作為基礎的；1934
年初所寫定的《兩漢州制考》，也是以與譚其驤、牟潤孫的討論為依
據的；而學生們亦在討論中不斷深入，增加了研究學問的興趣，先生
感到這門課程「有極遠大的前途」。[25]譚其驤畢業後在輔仁大學恰好
也開「中國地理沿革史」一課，他們常在學生課卷中看到佳作，可惜
沒有出版的機會，不能公佈於世；鑒於自己的經驗，他們認為研究學
問的興趣是應當在公開討論中養成的，如果燕大、北大、輔仁三校學
習此課的學生能聯合起來，大家把看見的材料，想到的問題，彼此交
流，一定能促進學業的進步。因此在1934年2月，先生與譚君商定編
輯出版《禹貢》半月刊，以三校學生的課卷為基礎，也歡迎外界的投
稿；隨即又組織禹貢學會，會址設於先生在燕大的寓所。所以用「禹
貢」來命名學會和刊物，乃因「《禹貢》是中國地理沿革史的第一

25　《禹貢》第一期《編後》。

篇」，[26]「是研究中國地理沿革史的學問的出發點」[27]，用它來表現其工作的意義，最為簡單明瞭。

中國歷史地理是一門有悠久歷史的學科，因為我國早已具有地理沿革的研究傳統。可是中國歷史地理這個學科名稱的確定和運用，卻是「由禹貢學會開始的」，[28]《禹貢》半月刊之英文譯名，起初為The Evolution of Chinese Geogrophy，稍後便改為The Chinese Historial Geogrophy，即中國歷史地理。在前清之時，研究地理沿革曾經盛行過一時，然其所涉及的方面，未幾超於《禹貢》之外，與中國歷史地理尚有一間之隔。自進入民國以來，此種研究卻衰落到了極點：各種文史學報上找不到這一類的論文，大學歷史系裡也找不到這一類的課程，而一般學歷史的人，往往不知道《禹貢》九州、漢十三部為何物，唐十道、宋十五路又是什麼。先生意欲改變這種狀況，立志使一般學歷史的人，轉換一部分注意力到地理沿革方面去，使史學逐漸建築在穩固的基礎上。他在大學裡教授「中國古代地理沿革史」課，而且將《禹貢》半月刊之譯名毅然採用中國歷史地理這一新名稱，表明已預見到歷經數千年的舊學必將有一番革新。那時他曾對學生談到：我國自古以來，都是以地理的撰述列於史部諸書之中；至於今世，地理自成專科，屬於自然科學，論述歷史地理就不宜捨去現代地理學的成就，而應多所採納，以便相得益彰。在《禹貢》第一期《編後》裡，他又說明此刊所討論的地理沿革，並不限於上古地理，當代行政區域設置增減的材

26　《禹貢發刊詞》。
27　《禹貢》第一期《編後》。
28　史念海：《顧頡剛先生與禹貢學會》，1993年顧頡剛先生誕辰一百周年學術討論會發言。

料，也在研究之列，並不重古而輕今。可見先生一方面要恢復清代學者治《禹貢》、《漢志》、《水經》等書的吃苦耐勞而謹嚴的精神，另一方面要利用今日的科學方法取得更大的成果，他所期望的業績是遠超於《禹貢》之上的。先生編輯此刊，不僅親自為學生分發題目，而且為他們的處女作或不成熟的稿件核對、補充材料，修改甚至重作成與原作面目全非的文章而仍用原作者姓名發表。先生弘揚學問、培養人材的苦心，不知感動、激勵了多少人！

先生對於歷史地理學的關注，當然不是僅出於「為學問而學問」的態度，「九一八」之後日本帝國主義侵佔了我國東北，稍有愛國意識者莫不義憤填膺，先生深感國家面臨著亡國滅種的危險，滿腔熱血早已沸騰，但他不願用了策論式或標語式的幾句話來博取一剎那間洩憤的快意，而是要踏踏實實地盡救國的責任，創辦禹貢學會和《禹貢》半月刊，即是其中之一。正如《發刊詞》中所說：

這數十年中，我們受帝國主義者的壓迫真是夠受了，因此，民族意識激發得非常高，在這種意識之下，大家希望有一部《中國通史》出來，好看看我們民族的成分怎樣，到底有哪些地方是應當歸我們的。但這件工作的困難實在遠出於一般人的想像。民族與地理是不可分割的兩件事，我們的地理學既不發達，民族史的研究又怎樣可以取得根據呢？不必說別的，試看我們的東鄰蓄意侵略我們，造了「本部」一名來稱呼我們的十八省，暗示我們邊陲之地不是原有的；我們這群傻子居然承受了他們的麻醉，任何地理教科書上都這樣地叫起來了。這不是我們的恥辱？

先生希望在真實的學問裡尋出一條民族復興的道路，禹貢學會具
體工作計畫有五項：一、從散亂的故紙堆裡整理出一部可以供給一般
史學者閱讀的中國地理沿革史，這就要先把沿革史中幾個重要問題研
究清楚，而後才能成書；二、改進楊守敬《歷代輿地圖》，繪製若干
種詳備精確而又合用的地理沿革圖；三、廣泛搜羅歷史上的地名加以
考證，編輯一部可用而夠用、詳備精確的中國歷史地名辭典；四、完
成清代學者未竟之業，考訂校補歷代正史地理志；五、據地理書籍中
的州郡戶口、物產等史料，整理出經濟、移民及生產等方面專題資
料。此外還有若干有關自然地理、社會和政治方面的資料，可提出問
題，由地理學、社會學專家共同研究。這些工作都是為了要使人們明
瞭我國的版圖及其歷來的情況，不容強鄰掠奪我們的山河。在這個計
畫之下，學會聚集了一批同仁，分工合作，《禹貢》半月刊發表了不
少這些方面的論文，僅半年就有了40萬字的成績。

這年夏天，先生與燕大同人組織旅行團至綏遠，在百靈廟與蒙古
地方自治政務委員會的德王及其部下會談。德王在上年發起內蒙自治
運動，他們心存「民族」的成見，唯利是圖。先生瞭解到他們背後有
日本人撐腰，很可能假借「民族自決」之名進行出賣民族之事，使察
哈爾、綏遠兩省旦夕有繼東北淪亡的危險。鑒於邊疆問題的嚴重，先
生便將《禹貢》半月刊的內容從研究沿革地理逐步轉到了以研究民族
演進史、邊疆歷史和記錄邊疆現狀為主，決心要使得荒塞的邊疆日益
受國人的認識和開發，打破帝國主義者的夢想；要把祖先努力開發的
土地算一個總帳，永不忘記在鄰邦暴力壓迫或欺騙分化下被奪去的是
自己的家業；要把祖先千辛萬苦而結合成的中華民族的經過探索出

來，使得國內各族領會到大家可合而不可分的歷史背景和時代使命，團結起來。於是次年3月在《學會簡章》中規定：「以研究中國地理沿革史及民族演進史為目的」；隨後在《禹貢學會募集基金啟》中指出：「救國之道千端萬緒，而致力於地理，由認識國家民族之內涵，進而謀改造之方術，以求與他國方駕馳騁於世界，固為其最主要之一端也。」故學會的具體工作也就稍作調整：撰寫中國民族史遂被列為首位，因為「三千年來之演進則文籍中歷歷可按，以吾族無種族之隘見而唯求文化之擴展，故四表得層層消融以成此龐大之國族；作為此編，可於艱難圖存之中增進吾民族之自信力，亦使吾民族精神得以昭著於世界」；另外增加中國地理書目之編輯，廣搜中外圖書中與華夏地理有關者，以之作為研究的基礎；最後增加中華民國一統志之編撰，「此為本會工作之最大目的」，因為「人民于其所居之國，莫不要求有確實之知識，以進行其征服自然之設計；專門之學雖為少數人之事，然必對於大多數人發生影響，其學始有價值：故本會以前之工作純為學者事業，而此最後一事則為供給社會應用，將於前所探討之中，擇其為現代人所當有之常識，出以通俗化之文筆，而期廣遠之灌輸」。茲事體大，非短時期內所能完成，學會當時的諸種工作都可以說為此預備者。在那樣危機之時，先生猶作此長遠計畫，因為他堅信：強鄰肆虐雖可逞強於一時，而具有最豐富的文化及最博大的心胸的中華民族最後必然能抵禦侵略，屹立於今世，專心致志以進行建設事業。

1936年初，先生為學會募款事又作《禹貢學會研究邊疆計畫書》。由於研究邊疆是禹貢學會「學以致用」的工作，故此文直斥日

寇；當時日寇在平津一帶已橫行無忌，為有利工作計，此文一時不便公開，而只在同仁間散發，向學界及政界內部闡釋此項研究的重要與迫切，以爭取支持。文章開首即說明：「本會之研究地理沿革史及民族史計畫，已具載於《募集基金啟》中，茲不贅。此致用方面，事關國家大計，而強敵虎眈於前，奸人鼠伺於後，不便公開，故密為陳說。」此文是一篇非常有價值的學術著作，也是一篇莊嚴的愛國宣言。全文分創辦緣起、百年來中國之邊疆學、百年來外人對於我國之調查研究工作、近年日本學者之中國研究、我國研究邊疆學之第二回發動、本會研究邊疆之計畫、本會會員之可任邊疆研究工作者等方面論述。文章以大量事實說明：清道光後，中國學術界曾激發邊疆學之運動，其主要起因，實由於外患之壓迫；同時外人亦對我國進行大範圍的調查，如日、俄之於東北，俄之於蒙古、新疆，英之于新疆、西藏，法之於滇、黔，各就其勢力範圍廣搜文獻，努力於實地考察；近年日人之中國研究，更是直接供侵略之用，據1932年《滿鐵月志》所載《日本支那研究機關》一文，即知日本研究我國之團體如何之多，據「大塚史學會」所編《東洋史學論文要目》與「東方學社」所編《東洋史研究文獻類目》，即知日本對我國研究方面又如何之廣，皆足以使人怵目驚心！由此可見現今我國邊疆學之第二次發動是何等的重要，應該有全盤規劃，分工合作；今日我國不少大學生感觸時事，注意邊疆，即可因勢利導，發揮其作用，他們所掌握的基礎學識與使用工具的能力均遠勝道光間人，相信必能做出成績。先生有如一位總司令，指揮全體會員向邊疆研究的各個領域進軍。

《禹貢》半月刊在先生主持下辦得日益出色（1935年譚其驤往廣

東執教，改由燕大研究院學生馮家升協助先生編輯此刊），最初每期僅二三萬言，從事撰稿者不過20餘人；不到兩年，會員即增至200人，稿件紛集，篇幅遂擴充至七八萬言。這時，半月刊早已超出發表學生習作的範圍而成為社會上頗有聲譽、地位的學術刊物，學會的工作也不斷獲得社會的讚許和支援，前教育總長張國淦將城內一處房產捐與學會作為會址，使學會工作得以進入正軌。於是在1936年5月，禹貢學會正式成立，選舉先生為理事長，於省吾為監事長。此時會員已達到400多人，其中包括不少學術界有成就的學者。不久，在先生等人努力下，學會得到管理中英庚款董事會的補助，遂設置各項人員以開展工作，有馮家升、張維華、白壽彝、趙泉澄、韓儒林、史念海等為專業研究員，並有編輯員、繪圖員、事務員等。為了有計劃地集中討論問題，使得材料和問題得著極好的排列和闡發，引起學術界的注意，自第五卷起，半月刊按專題重點刊出專號，分別有西北、東北、後套水利、南洋、康藏、察綏、回教與回族、利瑪竇地圖、古代地理等，其中有不少是第一次向學術界提出的問題或資料，對這些問題的研究起了很大的推動作用。先生還採納會員建議，在半月刊闢「通訊一束」欄目發表會員通信以加強團結，並將自己的意見作為編者按語附於信末，達到交流之目的。先生在此刊發表論文近20篇，有關於《禹貢》一文的研究，也有古代地理、民族、史事的研究，還有當前邊疆與民族問題的研究，其中有不少精闢的見解，尤其是關於邊疆與民族的幾篇──《王同春開發河套記》、《介紹三篇關於王同春的文字》、《回漢問題與目前應有的工作》、《回教的文化運動》，在當時產生很大影響。先生把不靠政府而靠自己力量開發河套的王同春稱為「民族英雄」，第一次向社會公開介紹，不僅引起國內的注意，

並且引起日本人的格外重視；至於回漢問題，先生以公正的態度，作科學的分析，對於消除民族隔閡，加強民族團結，起到很好的效果。另外，先生主持編印《地圖底本》，出版三種縮尺、三種色彩的最新分幅地圖，用以作全國歷史地圖之準備，該項工作成為學會「最值得注意的」學術活動之一；[29]有此精確底圖，不僅能正確繪製疆域與區劃，還可繪製山川、民族、人口、物產、交通等圖，據圖分析，便於得出明確的結論，頗有益於學會的研究工作。他又多方物色清人未刊的論述邊疆的文稿，出版邊疆叢書，既表彰前人的艱苦成就，亦藉以提高今人對邊疆之認識；並出版遊記叢書，與學術論著相輔相成。他還組織人員進行實地考察，如組織河套水利調查團，親自為團員安排行程，指出調查重點，以後這些調查結果編為專號在半月刊發表，成為最詳實的報告。

當學會創辦3周年時，半月刊每期字數已增至14萬，每期印數也從起初的500冊而增至1500冊，該刊迄七七事變發生而停刊之時，共出版七卷82期，發表文章700餘篇，內容涉及歷代史地、邊疆史地、本國地志、內地民族與宗教、地方誌、歷史地圖、中外關係、外國史地、地理古籍、地理書目、地理學家事蹟等方面；同時，3年來學會漸漸聚合了各方面的人才，原先只是幾十位大學師生在圖書館裡鑽研舊籍，後來許多專家帶了他們的實際調查到這裡來了。學會勝友如雲，成果劇增，「在中國現代史學史上堪稱盛事」，[30]以致引起日本學界的注意，被其稱為「禹貢學派的人們」。這樣一個以私人力量組織

29　侯仁之：《發刊詞》，《歷史地理》創刊號，1981。
30　韓儒林：《回憶禹貢學會—紀念顧頡剛先生》，《歷史地理》2輯，1982。

的，靠著先生的捐款、會員的會費及社會上的資助而維持下來的學會，在短短3年中，能取得如此進展，除了學會的工作能夠認清歷史使命，跟上時代步伐，適應於當時救亡圖存的任務之外，還有一個重要原因，就是先生一貫宣導的平等討論的學術空氣，以及他的質樸、熱忱的謙謙君子之風，吸引團結了一大批人。在創辦學會之初，先生就明確指出：「我們不希望出幾個大才，把所有的問題都解決了，而只希望能聚集若干肯作苦工的人，窮年累月去鑽研，用平凡的力量，合作的精神，來造成偉大的事業，因為唯有這樣才有切實的結果」，「我們確實承認，在這個團體中的個人是平等的，我們的團體和其它的團體也是平等的。我們大家站在學術之神的面前，為她而工作，而辯論，而慶賀新境界的開展，而糾正自己一時的錯誤」。[31]以後在3周年《紀念辭》裡，先生又重申：「我們無間新舊，相容並包，使得偏舊的人也薰陶於新方法的訓練，而偏新的人也有舊材料可整理，他們有相互的觀摩和補益而沒有相互的隔膜和衝突。我們常有劇烈的爭辯，但這爭辯並不是有所挾持以凌人，而是把自己搜集來的材料和蘊蓄著的意見貢獻出來，共同討論一個問題，尋求適當的解決。我們承認，這是最有力的推進學術的方法。」[32]故而這班「同聲相應、同氣相求」的人們，為半月刊及學會開闢了許多新園地，並給予我國學術史上一種新生命。再值得指出的是，先生在學術事業上的自信心、鎮定力、忍耐力和倔強性格，使他在困難面前不會輕易退縮。1935年秋在給胡適的一封求援信中，談到所面臨的經費困難：當時每月印刷費在200元至300元間，繪圖員薪金及印圖費每月亦須百餘元，張國淦捐

31　《〈禹貢〉發刊詞》。
32　《禹貢》7卷1、2、3合期，1937年4月。

了房屋後，會所的開辦費至少200元，經常費每月至少50元。「禹貢學會是我和學生們組織的，當然沒有固定的經費」，而每月四五百元的費用使「我們這種靠薪水吃飯的人哪有這種財力支持」。儘管如此，他仍認為「做事本和打仗一樣，應當有進無退」，即使碰到石壁擋路，也要「尋得前進的道路」，因此希望得到學術機關的幫助。[33]如果沒有先生這種堅韌頑強的戰鬥精神，就不會有禹貢學會的累累業績。

於此同時，先生又在燕京大學與馮家升共同發起成立邊疆問題研究會，還與在綏遠主持開發工作的段承澤等人聯合發起成立西北移墾促進會。可以說，在七七事變前的幾年間，先生把主要精力都投入了歷史地理學、邊疆和民族學的開創，不僅從事學術上的研究，而且參與實際的考察和開發，更重要的是為我國這一新興學科培養了整整一代人材，為建立、發展這一學科縈下了基礎，影響甚為廣遠。因此，當今學術界認為，「我國當代的歷史地理研究，是在先生宣導下開展起來的」。[34]

七七事變後，先生遭到日本人搜捕，遂倉促離開北平，禹貢學會的集體工作驟然中斷。這一年9月，先生應中英庚款董事會之邀，去西北考察教育。他到了甘肅、青海等地，仍然繼續著禹貢學會的事業，為瞭解西北社會之基本問題，不去交通便利之隴東南及河西地區，而專去尚未通公路之隴西，深入甘肅西南各縣達半年之久，跋涉於河、湟、洮、渭之間。先生不僅考察當地的教育，還關切那裡的民

33　《學習》，1994年第6期。
34　《歷史地理》編輯委員會：《沉痛悼念顧頡剛先生逝世》，《歷史地理》創刊號。

族問題，他為教育工作屬全省之最的臨洮辦「小學教員寒假講習會」，使他們得到教科書以外的自然科學、社會科學及戰時所需的國防教育等方面的常識，激發他們的時代意識；他為生產落後、交通不便而缺乏師資的渭源辦「鄉村師資訓練班」，以半年時間初步給他們培養了一批小學教員；對於漢、回、藏雜居、民族宗教糾紛甚多之臨潭，他主張除充實小學教育外，更宜注意職業教育，以發展畜牧農商等業，並需開辦社會教育，調整各族之間關係，以消弭矛盾於未形成之時。經過這番考察，先生深感各族之間隔閡甚大，在異常明顯的畛域之下，帝國主義者的離間分化才容易得逞，因而開始認識到，邊疆問題不只是帝國主義侵略的問題，而且是一個自己內部的問題。1938年秋先生到雲南大學任職時，就創辦《邊疆》週刊，撰寫《中華民族是一個》一文，以歷史事實證明民族既不組織在相同的血統上，也不建立在相同的文化上；中華民族是在長期的各族血統及文化的融合中形成的，早已不可分離。先生冀圖在中國有史以來最危急的年月裡，以自己的愛國心、同情心來進行我們民族的心理建設。此文亦是「經世致用」之作，發表後各地報紙轉載甚多，白壽彝來信稱讚說，第一個以事實來證明「中華民族是一個」的，當屬先生此文；並認為史學家應由真的史料寫成一部新的中國史，來證實這一觀念。[35]以後先生到四川工作，又與韓儒林等人成立中國邊疆學會，編輯《中國邊疆》等刊物，不過均困於時局及經費，再難重現禹貢學會時期的盛況。抗戰勝利後，先生返北平擬恢復禹貢學會，終因時局不穩、物價奇昂而未能實現。但是，他的《西北考察日記》以及抗戰以來所寫的有關邊

35　1939年4月3日《益世報・邊疆》。

疆、民族的論文、工作計畫、專刊發刊詞、學會成立宣言等一系列文字，都已成為我國歷史地理及邊疆與民族學的珍貴材料。而他在邊疆期間綜合歷史、地理、民族、民俗等知識而寫的《浪口村隨筆》（以後修改為《史林雜識》），由於「播遷所及，隨地有考察機會，故西南西北，貊國羌鄉，咸多創獲，遠邁前修」，[36]則為學術界又開闢一個新領域，成為我國民族考古學的最早專著。

1979年6月，在西安召開「中國地理學會全國歷史地理專業學術會議」，先生此時已屆耄耋之年，儘管多病之軀不得赴會，仍在致大會的《賀電》裡囑託道：「甚願經本屆會議中推定編輯委員」，「早日出版定期刊物」，「迅速推進各項專題研究」。這些工作，是他至死也不能忘懷的。就在這次大會上，中國地理學會副理事長郭敬輝在所作報告中說：「今天歷史地理學界年長一些的同仁們，都是當時參加過禹貢學會的人，我當時也是禹貢學會最年輕的會員。……我們今天回憶這門科學的發展，不能離開顧先生畢生的努力。」為了繼承和發展禹貢學會的事業，大會議定創辦《歷史地理》，雖然當創刊號問世之時先生已經長逝，但相信他若地下有知，也會為此而含笑九泉。今天，中國歷史地理學已成為顯學，研究範圍也從沿革地理擴大到經濟地理，出現了歷史自然地理、歷史民族人口地理等多個分支，但先生的奠基之功，人們是不會忘記的。

36　《〈禹貢〉週刊發刊詞》，1946年3月21日《國民新報・禹貢》。

第五章

高山景行的學格和人格

5.1 探求真理，永無止境

　　先生一生能取得如此豐碩的學術成果，與他嗜學如命的性格分不開。那種極端旺盛的求知欲，也許是與生俱來的。從小他就喜歡翻看一切書籍，不管能否看懂。那時還沒有圖書館，他就天天跑書鋪子，也不分新書鋪和舊書鋪；並儘量搜羅書目，全國的書鋪子凡是印出書目者他無不索取。所以當他還是一個中學生時，目錄學的知識已經非常豐富。至大學畢業之後，他才知道他所愛好的學問是屬於史料學領域的，於是就按照自己的興趣將研究工作向史學方面發展。他說：「我所以特別愛好學問，只因學問中有真實的美感，可以生出我的豐富的興味之故。」學問工作給他帶來了無盡的快樂：無論是讀到一部渴望已久的書，還是發現一些新材料，都會感到「大痛快」；與師友論學，交流心得固然深感樂趣，即使遭到批評責難也感到高興。在他的文章、書信、日記裡，這類記錄比比皆是。儘管他在處世時往往顯得平庸、急躁、優柔寡斷，顯出呆氣，但到了研究學問的時候，人格便非常堅強，有宗旨、有鑒別力、有自信力、有鎮定力、有虛心和忍耐，所以他願意把全部生命傾注於學問生活之中。早在20年代初，友人就稱先生為「最富於為學問而學問的趣味者」，而非「為生活而學問」、「為功利而學問」者，[1]先生許為「知我之言」而「絕不謙讓」，認為「別人頌揚我的，每說我學問好，那是我最怕聽的話」，因為自知「我的學問實在淺薄幼稚得很」；但「學問是我的嗜好，我願意用全力去研究它」。[2]

1　　李石岑：《我的生活態度之自白》，刊《李石岑講演集第一輯》。
2　　《答李石岑書》，刊同上。

這種強烈的求知欲望再加之自幼所富於的極發達的好奇心與桀驁不馴的倔強性格，使先生滿眼都是新境界，隨處都會在別人熟視無睹之處發現問題，並且心中一有問題便坐立不安，要去尋找材料，通過自己的思考求得答案，不肯輕易聽信他人的意見，接受他人的管束，即使受到壓力亦不顧。先生治學只為求真而從不崇拜偶像、不入家派的特點和風格，倘若在以往的封建社會中，肯定會使他被視作狂妄之徒，幸運的是他趕上了以皇權為首的一切舊日的權威被摧毀和動搖的時代，在新文化運動的巨瀾推動下，他那種蔑視權威的天性便充分發展起來。他說：「我的心目中沒有一個偶像，由得我用了活潑的理性作公平的裁斷，這是使我極高興的。我固然有許多佩服的人，但我所以佩服他們，原為他們有許多長處，我的理性指導我去效法；並不是願把我的靈魂送給他們，隨他們去擺佈。」如前所述，無論是對於啟發自己樹立為求真而治學這一個「生命中最可紀念的」信念的章太炎，還是對於最早啟發自己懷疑上古史事的康有為，先生所持的態度均是如此：效法他們的長處，批評他們的短處，一切只接受理性的指導。而「接受理性的指導」，「這就是中國『五四』以後現代學術精神的最高旨歸」。[3]正由於先生從不崇拜偶像，因此他也不會以勢利的眼光去看不占勢力的人物，故而在學問上從不加入任何一派，不肯用了習慣上的毀譽去壓抑自己的理性，而是本著固有的是非之心，只憑搜集到的證據來說話。他相信：保持客觀的態度，以平等的眼光去觀察種種不同的派別，也不是不可能的事。即使不能完全不偏，總可以勉力使它少偏一點。比如他對於今古文經學的研究即是如此，這在前

3　　吳俊：《魯迅評傳·導言》，第19頁。

面已經論及。又如他對於唯物論的態度亦是如此，當20年代討論古史時，學術界尚沒有人用了唯物史觀來解釋古史的，因而他們所立疑信的標準只是由社會學、考古學而來。自從郭沫若的《中國古代社會研究》出版以來，唯物史觀在社會上的影響逐漸增加，先生也感到所立的標準要更進一步，所以在《古史辨》第四冊《序》裡說道：「我自己絕不反對唯物史觀。我感覺到研究古史年代，人物事蹟，書籍真偽，需用於唯物史觀的甚少，無寧說這種種正是唯物史觀者所亟待於校勘和考證學者的借助之為宜；至於研究古代思想及制度時，則我們不該不取唯物史觀為其基本觀念。」又說：清代學者的校勘訓詁「是第一級」，我們的考證事實「是第二級」，「等到我們把古書和古史的真偽弄清楚，這一層的根柢又打好了，將來從事唯物史觀的人要搜取材料時就更方便了，不會得用錯了」。故而他重申多年來所堅持的「分工」原則，認為「許多學問各有其領域，亦各當以其所得相輔助」。[4] 1950年在所作《顧頡剛自傳》裡說道：「我們所做的考證工作是唯物史觀者建設理論的基礎，然而唯物史觀的理論又正是我們考證工作的基本觀念。彼此所信的『真古』是同的，只是工作一偏於理論，一偏於事實，這原是分工合作所應有的界域。」「近人每喜出主入奴，揚彼抑此，我想只要大家心平氣和地一想，自能彼此釋然。」[5] 儘管以後的事實並不如他所願，不久，無情的批判即接踵而至，然而不管是在私下的場合（如日記、筆記裡）或是公開的會議中，他都毫不動搖地為所從事的考證工作辯護，堅持考據學是反封建的觀點，堅持這種工作是社會發展所需要，還要作下去；甚至有些天真地認為自

4　《古四序》，第22頁。
5　《傳統文化與現代化》1993年第2期。

己的理論水準不高，無以折服人心，並以此而自責。他哪裡料到，自己面臨的根本不是學術上的討論而是政治上的洗腦，是無道理可言的。在嚴峻的形勢逼迫之下，先生必須以馬列主義批判改造自己，但對於他來說那也僅限於思想，至於學術工作，仍按照原來的路數，以他自己的話說，即「一手畫圓，一手畫方」，在那種形勢下要協調二者的關係實在不易，但他堅持排除種種幹擾，繼續從事古籍整理和古史考證研究。

先生在治學中甘願作一名開山創業的苦工，他那種為了探求真理而不辭勞苦、不貪名利、勤於動腦、勤於動手的風格和特點，「確是現代學人所罕見」。[6]由於他自覺地承擔了「整理國故」的工作，面對著2000年來被儒家所搞亂的經學領域，第一次去開墾這塊園地，當然要費很大力氣，他深知：「我們處於今日，只有作苦工的義務而沒有吃現成飯的權力。」因而常說：「我要過的生活，只有兩種，一種是監禁式的，一種是充軍式的。監禁式的生活是把我關在圖書館和研究室裡，沒有一點人事的紛擾；充軍式的生活則是許我到各處地方去搜集材料，開闢學問的疆土。」在學術的聖殿裡，他確是一名苦行僧，在他看來，學者的本分就像農夫和泥瓦匠一樣，須一粒一粒地播種，一塊一塊地砌磚；學問是一點一滴地積起來的，一步不走便一步不到，絕沒有頓悟的奇跡，所以肯用自己的全力在細磨的功夫上，毫不存僥倖取巧之心。隨著研究的深入，他愈加體會到中國學術界對於「深徹的工作」做得太少，而企望「速成」或「不勞而獲」者甚多，於是總以「寧可勞而不獲，不可不勞而獲」之語自勉或勉人，至今有

---

6   許冠三：《新史學九十年》，第201頁。

人還保存著先生的這一題字。幾十年來，學術界浮躁之風氣有增無減，或以當今之世的價值法則衡量，縱然要避免「勞而不獲」，但仍須力戒「不勞而獲」，這樣才能有真學術可言。先生深知學問的範圍太大了，一個人就算從幼到壯永在學問上作發展順利，到了老邁亦無法完全領略，因為我們人類的生命太短促了。故而他極珍惜時間，年輕時每天常常要寫七八千字，工作多在14個小時以上，有時去朋友家拜訪也要帶上手稿和筆，如果朋友不在家需要他等待時，就乾脆坐在人家房裡謄抄稿子；有時因事耽擱一天未能讀書，便感覺這一天是白活的。為了充分利用有限的生命獲得盡可能多的學問，他不停地讀書，不停地思考，因此也就想出許多龐大的計畫；無論做什麼事，一著手，就有計劃，而且是最大最好的計畫，於是永不能有滿足之時，而事情亦永遠做不完。這不免給先生帶來苦惱，同時也帶來欣慰，他認為，一個人有了計畫，往往由於事實不能與計畫相符，從而造成痛苦；但能有計劃，則一個人的生命永遠是充實的，不會因外界的誘惑而變志，也不會因外界的摧殘而灰心，而當努力使事實有一分接近計畫時，便會有兩分的高興。因此，在他治學的每一階段，幾乎都有體大思精的計畫提出來：在學生時期計畫編「國學志」；工作初期從事古史辨偽時計畫編「偽史考」，以及計畫根據每一古籍的古史而作「層累地造成的中國古史」；古史論戰告一段落時，就有一個從長計議的《我的研究古史的計畫》；以後在大學任教時，不斷有編講義的計畫，由此又提出「古史四考」規模宏大的計畫；主持禹貢學會工作時，提出《研究邊疆計畫書》；到西北考察教育時，提出《補助西北教育設計報告書》……直至60年代的整理《尚書》的計畫，70年代末的3年、5年、8年分期進行的《工作規劃》。這一個個計畫，是他一

生為之奮鬥的目標，儘管沒有一個計畫是完全兌現的，但是先生一生所取得的卓越成就卻無一不是由這些計畫中產生出來的；它們寄託著他的全部希望，也耗盡了他的全部心血。

先生為了求真而治學，自然十分看重研究問題的證據，他頭腦裡永遠裝著許多問題，不停歇地思考，所以遇到一點材料時就不會輕易放過，前面所述由多所見聞而融會貫通於典籍之例就是如此，至於以典籍融會貫通於典籍之例則更是不可勝數。以多年來所重點研究的《尚書》為例，他讀到《元秘史》中載元太宗害病，其弟拖雷請於神而代死之事，就推斷《尚書・金縢》所載周公請代武王死之事亦可靠；讀到元曲中常有許多補足語氣而無意義的襯字夾在句中，就想到《尚書》中許多難懂的文句，其中一些字毫無辦法解釋，料定必然也有一些是無意義的襯字。又如他搜集了許多中山國的材料，以為中山王提倡虞夏文化、崇信墨學，墨子亦倡「夏政」、「禹道」、「堯舜道」，因而推論《禹貢》中的冀州，是為中山國王追尋虞夏盛世，欲以自己鮮虞族為中心而標舉出來的；《禹貢》中的揚州是東方之中心，為吳越族地區，雍州是西方之中心，為秦族地區，荊州是南方之中心，為楚族地區，均與北方的冀州分峙於天下，由此進一步推論《尚書》中之《虞夏書》，當是冀州進入中原城市文明時代之中山國所傳述編訂，與周族諸國傳寫《周書》，商族宋國傳寫《商書》，楚族傳寫《三墳、五典、八索、九丘》情況正相同。這些從表面上看來與《尚書》毫不相干的材料，一到了先生手裡，即被用做解決《尚書》問題的證據，似乎出於偶然，別人也感到不解：「為什麼你會看得出許多奇奇怪怪的東西？」其實在先生的頭腦中，他所研究的這些

問題已不知轉了幾千百度了，無休止地思索，無休止地尋找答案，自然就會及時抓住所遇見的材料為自己所用了。

　　先生治學為求材料的完備、正確，不僅腦勤，而且手勤。他所標點的《崔東壁遺書》，出於好求完備的癖性，總想把有關的材料輯出，作為論世知人之一助，歷時15年方得印行；他的《孟姜女故事的轉變》所以只寫到南宋初葉，後面的一半未能續下，是因為從各方所聚的材料越來越多，使其感到以自己一人之力一時難以做好，於是便將此作為終生之業了；他晚年的《尚書·大誥》譯證，搜集材料之範圍愈擴愈大，由古書而及說文、漢簡，更及甲文、金文，欲窮其本源之苦心可謂一目了然。至於他自1914年至1980年的60餘年間所積累的200多冊、400多萬字的讀書筆記，尤其是勤勤懇懇搜集資料的明證，無論是讀書、教學或整理古籍，凡有心得者必記出，哪怕工作任務再緊迫，也不改此習性；還有與眾多學者的通信，凡學術性較強的都錄入筆記，如辛樹幟論《禹貢》著作年代及息壤、鳥鼠同穴的來信，與楊樹達、李平心、於省吾討論《尚書》的通信，與楊向奎討論泰山與夷、夏之爭的通信，與童書業論《周官》及《左傳》解經語的時代以及古代婚姻制度的來信，與呂思勉論整理筆記的來信，等等；就是日常見聞中覺得有用者，也要不厭其煩縱筆錄入。一方面用筆記搜集材料、思考問題，做撰寫論文的準備，一方面繼續記下新發現的材料和見解，補充已發表的論文，深化以往的研究。比如，在20年代的古史論戰中，他放棄了以《說文》中「禹」字的解釋為據而立的「禹為動物，出於九鼎」這一假設，但並沒有停止對禹的神性的思考。50年代初期的筆記中「叔向名禹」一則，記下孫詒讓以《叔向父簋銘》「叔

向父禹曰」為證，說明《說文》「蠁，知聲蟲也。重文，司馬相如說：從向」以及《玉篇・蟲部》「蠁，禹蟲也」而知「禹」「蠁」一蟲，「禹字叔向，即取蟲名為義；向，即之省」的議論，指出「禹之為蟲，又得一證」。[7]以後參觀中央民族學院，見到臺灣高山族的器物，在筆記中寫道：「其族以蛇為圖騰，其器物亦多蛇形之刻鏤……以此可以推想禹為夏族之圖騰，其器物刻鏤亦必若此。……觀殷周銅器，所有盤螭、盤虺紋者，疑即禹圖騰之遺留也。」[8]以前先生在盛名之下，社會活動過多，欲按計劃讀書而不能；1949年後，「社會關係日少，向之一日得十封信者，今乃月不得卅通，宴會則更希」，[9]在這種強烈的反差之下，先生卻得到意外的收穫：即安心讀書，大量記筆記，致使1949年後的筆記約占全部筆記的五分之三強。因為他能抓住材料，留之於筆記，而不使之成為「過眼之煙雲」，故而在作文時對問題的探討深入而精湛，對論據的收集廣博而成熟，人們在讚賞他文章之時往往只是驚訝於他記憶力之強，卻不知其積累之苦。

正由於先生對於所研究的問題總是不斷地思索，不斷地搜集材料，學無止境，因此作文要反覆修改，精益求精。且不說作成一文需易稿數次，後一日發現前一日之破綻就要修改；即使寫畢發表之文，隨著時間的推移，又得到新材料可以補充此文或者可以糾正此文的錯誤，故而部分或全部重寫，這種情況也是屢見不鮮。他深知如果滿足於一時的成績即是自己的墮落，在燕大時曾在寓舍中掛一「晚成堂」的匾額藉以自警，以為「倘使我活七十歲，就以七十歲為小成；活

7　　《筆記》卷四，第2664頁。
8　　《筆記》卷五，第3798頁。
9　　《筆記》卷五，第3273頁。

八十歲，就以八十歲為小成。若是八十以後還不死，而且還能工作，那麼，七十、八十時提出的問題和寫出的論文又不成了。所以成與不成並無界線，只把我最後的改本算作我的定本就是了」。他又深知任何事情，哪怕是寫一則筆記這般小事，也沒有隨便一學就會、一做就好的，必須以「獅子搏兔」之精神，反覆思索，用了全力去幹，才可學得本領，才可做出成績。先生在1949年油印的《浪口村隨筆》，其中百餘則筆記乃始寫於昆明，重理於成都，續附於蘇州，又於上海竭盡力量補正達3個月，才成定稿，前後歷時10載。至50年代中期，出版社欲將此書付印，先生因這些年來又有新得，欲事補苴，故請緩期以重寫；以後統理一過，改動若干，直至1961年，經反覆斟酌，選其大致可作結論之54篇，輯為《史林雜識（初編）》，幾乎每一篇的修改他都用了極大的力氣，無論在內容或文字上都有充實或提高。先生自1960年至1966年所作《尚書・大誥》譯證這部70萬字的巨著，其中各部分大的改動幾乎均在3次以上，各次稿本累計達100萬字；小的改動則不計其數。一篇萬言的「序」，現存竟有12稿之多；而一篇「史事考證」，則由初稿的5萬言，改至二稿的10餘萬言，再改至三稿、四稿的30餘萬言。先生那時的日記留下這樣的記載：「連日修改考證，改一次，深入一次，其精湛處有想像不到者，真一樂也。」即使在燕京大學—那是先生的高產時期—每年能拿出70萬字，每篇稿子也都是經過幾次修改的，當時由殷夫人為之謄正，剛謄寫畢他又在上面塗改，往往謄正了三四次，他看時還要改，夫人說：「你再改，我不替你抄寫了。」他答道：「你不抄寫，我也還是要改。」而且當印刷清樣出來後，他不只是校正，也同樣要修改，連標點符號都是校了又改，改了又校的，這種習性一直保持到最後：他逝世之前在醫院裡審

閱《孟姜女故事研究集》清樣時，仍以顫抖的手在上面留下了不少改動的筆跡（包括標點符號）。應當說，無論中國史學還是西方史學的肇端，原本都是文史不分的，《史記》被稱為「史家之絕唱，無韻之《離騷》」。因此強調歷史撰述上語言表達的美學要求，正是繼承和發揚歷史的傳統。凡是讀過先生著作的人，不僅在內容上，而且在文字上，無不稱讚他寫得流利通暢，甚至稱他為「近現代歷史學家中」的「大文學家」，[10]他的數萬字的長篇，也可一氣讀下，這除了得自他淵博的學識與飛揚的文采之外，還離不開他在修改上所用的千錘百煉之功。

先生深信「知出於爭」，故提倡學術討論、歡迎批評、勇於改正錯誤亦是他治學的一大特點。他對於不同意見絕不黨同伐異，從不以為「唯有我們的學問是學問，你們該來隨從我們，做我們的徒黨」，而視這種「道一風同」的觀念為學問上的大敵，因為它「使人只會崇拜幾個偶像，而不會自去尋求，得到真實的見解」。[11]先生自己從不崇拜偶像，故而也絕不願意別人把自己作為偶像，作自己的應聲蟲，他常說：「我最歡喜有人駁我，因為駁了我才可以逼得我一層層的剝進，有更堅強的理由可得。」先生在學問上的氣量之大，亦為學術界所稱道。7大冊《古史辨》從頭到尾都以討論集形式出現，又儘量輯入反駁和批評其古史學說的文章，為的是「想改變學術界的不動思想和『暖暖姝姝于一先生之說』的舊習慣，另造成一個討論學術的風氣，造成學者們的容受商榷的度量，更造成學者們的自己感到煩悶而

10　瞿林東：《楊向奎先生訪問記》，《史學史研究》1984年第2期。
11　《北京大學研究所國學門週刊一九二六年始刊詞》。

要求解決的欲望。希望大家都能用了他自己的智慧對於一切問題發表意見，同時又真能接受他人的切磋」。他認為「一個人的議論就使武斷，只要有人肯出來矯正，便可令他發生自覺的評判，不致誤人。就使提出問題的人不武斷而反對他的人武斷，這也不妨，因為它正可因人們的駁詰而愈顯其不可動搖的理由」。相信「人們見解的衝突與凌亂，讀者心理的彷徨無所適從，都不是壞事，必須如此才可逼得許多人用了自己的理智作審擇的功夫而定出一個真是非來」。[12]可見先生不只是自己以理性去求學問之真，並且希望通過公開討論、自由批評，使更多的人都這樣做，他相信隨著這種風氣的開展，學術界精神自會活潑，成績也自會豐富了。正如20年代關於孟姜女故事的研究，先生的成就除了得自他的埋頭讀書寫作外，與他待人接物上平等謙遜、知錯即改的態度是分不開的，而且他這種態度吸引了幾十位學者來共同探討，因而產生了那豐富多彩的專號，那80萬字的孟姜女故事研究材料。諸如此類事例不可勝數，當古史論戰之初，柳詒徵駁斥的文字不免盛氣淩人，但先生還是尊其為有成就的學界前輩而有禮貌地答覆他，這並不是先生假作謙虛，而是認為學問之事本不是一時可以決定是非的，大家集思廣益，才可逐步尋出一個結論來。別人願意與自己討論，原是應當歡迎的。可是當時先生的朋友來幫助答覆時，就不免以盛氣來回報，先生以為這種狹隘的心胸和自己格格不入。對古史論戰的主要對手劉掞藜，雖從未謀面，但「不打不相識」，通過論戰他們彼此欽佩對方的人格，因而有了通信往來，先生很關心他的情形，盼望將來總有握手的一天，可以繼續古史的討論直至有結果為

12　《古三序》，第3頁。

止；以後得知他不幸病逝，十分傷痛，親自加按語將其一篇論文在《禹貢》半月刊發表，以紀念這位年僅36歲的「在貧窮中奮鬥，在疾病中支撐的有志之士」。[13]錢穆不贊成康有為《新學偽經考》的觀點，而知先生贊同康之觀點，恰好先生向其邀稿，便作《劉向歆父子年譜》一文應之。此文無疑是與先生爭論，然先生並不介意，將其發表在自己所主編的《燕京學報》上。先生對錢氏篤實的學問甚為尊重，又推薦他至燕京大學任教，正因二人治學方向有些不同，先生才更希望他能對自己有所補偏救弊，不久還將新作《五德終始說下的政治和歷史》請錢氏批評，後又將他們對此文的往返辯論公之於世。50年後錢氏對於此仍感歎不已，說道：「此種胸懷，尤為余特所欣賞。固非專為余私人之感知遇而已。」[14]先生將徐中舒、于省吾等人視為學問上的「畏友」，十分欽佩他們的學問。在《筆記》中錄有60年代與於氏討論《費誓》年代的往來書信四封，于氏從詞句和格調著眼，認為西周晚期的《兮甲盤》與它頗近似，因而此篇至早出於西周末期；先生從歷史著眼，將西周前、中、後期至春秋世徐戎、淮夷的所在和變遷列表比較，認為此篇當出於西周中期。兩人雖各持己見，但都認為「關於任何問題，有人提出對立的意見都是好的」（于氏語），「一切事物，愈辨則愈明」（先生語）。[15]這四封信不但深化了對《費誓》年代的研究，且為後人樹立了平等討論、以證據立論的科學態度的典範。至於先生與學生譚其驤討論漢代州制之事，則更是一個顯著的例子。先生在燕大講《尚書》時，認為《堯典》中的十二州是襲自漢武

13　《禹貢》4卷11期，1936年2月。
14　錢穆：《師友雜憶》，嶽麓書社，1986，第129頁。
15　《筆記》卷九，第7008—7010頁。

帝時十三州的制度，當時譚君對此有異議，在課下向先生提出了自己的看法，先生當即鼓勵他把看法寫成文字。他寫出來後，先生於次日就回了一封六七千字的長信，表示贊成其中三點，不贊成的也是三點。幾天後譚君再就先生不贊成者寫第二封信商榷，先生又覆信表示同意其一點，反對二點。不久，先生把這四信並在一起又加上一個附說，以「關於《尚書研究講義》的討論」之題目，作為該課講義的一部分，印發給全班同學。先生在附說中寫道：「現在經過這樣的辨論之後，不但漢武帝的十三州弄清楚，就是王莽的十二州也弄清楚，連帶把虞舜的十二州也弄清楚了。對於這些時期中的分州制度，二千年來的學者再也沒有像我們這樣清楚了。」對自己的一個年輕學生，先生採取這樣虛心的態度，真是可貴可欽之極。晚年先生的《尚書》工作以劉起釪為助手。一次劉君對先生在《洪範》問題上的看法有不同意見，先生立即找出當年與譚君討論漢代州制的那冊講義贈他，表示夙已鼓勵師生間對學術上不同的意見應進行商討，今後還應發揚它。60年代，南開大學研究生李民的畢業論文將《尚書·盤庚》的製作時代定為西周初年，這與先生所持東周說不同，但先生卻告訴李君此篇作於西周初年之說法不是不可能成立的，一再希望他繼續按照這一觀點研究下去，千萬不要因為自己的東周說而改變原有的觀點。他甚至要李君寫成和自己辯論的文章，由他向有關雜誌推薦發表。更使李君感動的是，先生還幫助他找出幾條有利於說明他的觀點的證據。為了創造一個學術討論的風氣，先生真正做到了身體力行、不遺餘力；時至今日，這種民主、平等、坦率的討論風氣依然令人神往和懷念。

先生在學術上的成就與以上的治學特點和風格是分不開的，60年

代李平心來信指出：「先生對學術上的發明特別敏感，又不懷成見，能有選擇地採納別人的意見而加上自己的判斷與融會，這是您在學術上的成功的一個重要原因。」[16]

5.2 發展學術，出以公心

先生一生愛才如命，助人為樂，如若出於天性。《尚書・泰誓》說：「人之有技，若己有之。人之彥聖，其心好之，不啻自其口出，是能容之。」先生認為這幾句話可謂寫盡了自己的心境。凡是有一長可取的人，就敬重他，凡年輕好學的人，就鼓勵、指導他。當然，這與他對學術事業的公心是分不開的。

他對於學術有成就的前輩，總是虛懷若谷，尊重他們的勞動成果。如吳燕紹以數十年心血收集蒙藏史料數百萬字，編成《清代蒙藏回典匯》，塞滿了兩大櫃。先生抗戰前屢去彼處請教並查閱資料；抗戰中吳氏去世，先生心裡一直牽記著這批寶貴的邊疆、民族史料，希望得以出版。1950年先生在北京參加全國出版工作會議，即提出此事，但當時未受到重視。1958年參加國務院科學規劃委員會召開的古籍整理和出版規劃會議，他又重提此事，得到與會者同意，將此書列入12年出版計畫，然因「文革」之禍，未及付梓。「文革」後他藉吳氏之子吳豐培來看望之機，詢問這批資料的情況，得知安然無恙，十分欣慰，囑其擬出計畫，他再向有關方面推薦。直至1979年4月他還在日記中寫道：「予之心事，有三部書，當表彰」，其中第一部便是

此書。

　　至於對待同輩及後輩，先生以特有的識力和同情心去說明、獎掖的事例就更多了。如20年代先生見到錢穆所撰《先秦諸子系年》之稿，敬佩其學問，雖錢氏當時在蘇州中學任教，並無大學學歷，但先生愛其博學多才，即薦至燕京大學任講師，還將其所寫的與自己觀點完全相反的《劉向歆父子年譜》發表（見上節）；以後錢氏不適應燕大教會學校的環境而欲辭去，恰好那時北大欲聘先生，於是先生寫信與胡適，希望北大轉聘錢氏，他說：「我所能教之功課他（指錢）無不能教也，且他為學比我篤實，我們雖方向有些不同，但我頗尊重他，希望他常對我補偏救弊。故北大如請他，則較請我為好，以我有流弊而他無流弊也。」[17]於是，錢氏就去了北大；抗戰以後先生又請其至齊魯大學與自己同辦國學研究所。這樣，錢氏逐漸從一個自學進修者而躋身於中國學術之林，成為有名的大學者了。又如童書業年輕時曾在浙江省圖書館附設的印刷所任校對員，先生見到他的《虞書疏證》，認為是大可造就之才，請他來燕京大學協助自己工作。童氏未上過大學，連中學文憑也拿不出來，不好列入大學的正式編制，先生就按月從自己的工資中拿出幾十元作為他的工資。童氏助先生編輯春秋史講義和《禹貢》半月刊，又與先生合寫有關虞夏曆史等論文發表；抗戰中還與呂思勉合編《古史辨》第七冊，並在大學任教，逐步成為古史研究上有造詣的學者。

　　先生對於自己學生的課業和生活，更是盡心竭力，尤其是課下的

17　1931年3月18日致胡適信。

攀談，使學生得益最多，每一個學生幾乎都能津津有味地說出自己被啟發的一些體驗來，這些體驗往往使他們終生受用。先生經常針對每個學生的學力、稟性等方面的不同特點而給予不同的課題，引導各人向自己所長的方面深入進去；然後又供給他們參考的材料，其中包括自己寫而未竟的文章以及為作文而搜集的資料；繼而又指導他們作文的方法，並為之修改文章，不斷啟發他們自動研究的興趣，給他們工作的信心和奮鬥的勇氣。如燕大學生徐文珊上先生「中國上古史研究」課時，一次考試，出題課外作，用意當不在重問答記憶，而是重研究，要找資料，提出看法。有人先交卷，先生看過說，答卷所說都是我講的，那是我的見解，不是你的研究心得，不可以。徐君的答卷已拿在手中準備交上，一聽此言，不敢交出，因為他也正犯同樣的毛病。於是回去後讀書、查資料，硬是在雞蛋裡找骨頭，居然有收穫。交卷後先生看了十分賞識，將他叫到家裡，當面誇獎一番。這使徐君明白做學問沒有不勞而獲的，一定要下功夫，提出自己的見解，而不可「千古文章一大抄」，他說：「這雞蛋裡找骨頭的方法是我得自顧師的最得力的教育，一生享用不盡！」[18]後來先生與其共同整理《史記》並出版白文本，使之成為研究《史記》的專家。又如燕大學生朱士嘉上先生「中國古代地理沿革史」課時，先生認為朱君的國學基礎和寫作能力還需提高，就親自動手修改他的作業，囑咐他選讀《史記》、《漢書》中部分傳記及唐宋文學家的名著，最好能背誦。朱君遵囑每天朗誦文史名著兩小時，堅持半年，果然收到良好的效果。當朱君向先生彙報《四庫提要》中有一部分方志時，先生即指出方志的

18　　徐文珊：《沐春風，沾化雨》，臺北《超越》1987年12月。

材料對於治史者甚重要，而長期以來卻不被學者所重視。為了開闢這片史料的新園地，先生將章學誠《文史通義》借給朱君讀，希望他學習方志學說，並與他聯名起草《研究中國地方誌的計畫》發表。以後朱君撰成《中國地方誌綜錄》一書，並成為我國地方誌研究領域的專家，他說：「我之對於方志，從不知到知，從知之不多，到知之較多……都是顧老師循循善誘和諄諄教導的結果。」[19]再如燕大學生侯仁之就是受了先生文章的影響，才報考歷史系的，其「受益於顧師最為重要的一件事，就是他給了我以實地考察的機會」。那是抗戰的前一年，侯君作為先生的助教協助開設「古跡古物調查實習」這門別開生面的課程。每次確定調查目標後，侯君便根據先生所提供的必要的參考資料，加上自己搜集所得，寫成一篇簡要說明印發給學生；可是至現場對比實物，常會發現所據資料不盡可靠，或是調查對象本身已有變化，這使他體會到現場考察的重要。一次先生帶領大家到張家口調查實習，侯君依此次考察所得寫成一篇論文，這是其第一次把一處古代遺址的研究擴大到一個地區，並由此進一步認識到歷史遺跡應該受到充分重視的意義。以後侯君成為歷史地理學的專家，而當年作先生助教的那段經歷，是使之「迄今最懷念難忘的」，他說：「半個世紀以前顧師要我們重視古跡古物的用心，到今天還在鼓勵著我為首都的文物古跡的保護工作，盡一點自己的力量。」[20]再如先生與燕大學生譚其驤討論漢代州制之事（見上節），除解決了一個2000年來未搞清楚的問題外，還有一個重要成果，正如譚君所說：「通過這場討

19　朱士嘉：《顧頡剛先生與〈禹貢〉半月刊》，《晉陽學刊》1984年第4期。
20　侯仁之：《師承小記－憶我師顧頡剛教授》，《中國歷史地理論叢》1989年第4期。

論，使我這個青年對歷史地理發生了濃厚的興趣，又提高了我做研究工作的能力」，[21]從而使他成為歷史地理學方面的專家。先生認為，一個大學生原已有相當的程度，只要有人指點，本人又肯學習，當然進步是很快的。所以他所指導的學生，往往有了兩三年工夫即已取得學術上的地位。傅斯年曾說：「哪一個青年只要同顧剛一接近，就封了『一字平天王』了！」先生答道：「倒沒有這樣容易。凡是和我接近的青年，我時時逼他們工作，必須肯工作、能工作的人才有封王的希望呢。」

先生平生有一突出特點，即喜歡辦刊物，以這種最有效的方式通過推進學術的發展來培養人才。他常說：「我們若為自己成名計，自可專做文章，不辦刊物；若知天地生才之不易，與國家社會不愛重人才，而欲彌補這缺憾，我們便不得不辦刊物。我們不能單為自己打算，而要為某一項學術的全部打算。」他深知學問也如同征戰，固然需要將帥，但尤需要的是兵丁。有了健全的兵丁，自然會醞釀出好的將帥，而辦刊物就是訓練兵丁的有效途徑。在他一生所編眾多刊物中，以《中山大學語言歷史學研究所週刊》、《燕京學報》、《禹貢》半月刊等成績最為顯著，現在學術界很多有成就者，多是由這幾個刊物培養起來的；其中尤其是《禹貢》半月刊，成就了整整一代的歷史地理學人才。先生當年致傅斯年的信裡談到禹貢學會及半月刊之事時說：自己教書多年，已訓練好許多可以從事學問的青年，「我創設這個機關就是要使這班青年對於工作有興趣，有自信心，而且大家有一共同的目標」，可以儘量發揮他們的熱力。據先生的經驗，一個大學

21　譚其驤：《關於漢武帝的十三州問題討論書後》，《復旦學報》1980年第3期。

畢業生，如果四五年中不做學問的工作，他的一生就不能再做這工作了。研究院的用處，就在大學畢業後能再給他一個讀書的機會，使得他終身走向這條路。先生所以敢於辦《禹貢》半月刊，也正因為有燕大研究院學生作後盾；「這半月刊的進展，也就是研究院生的學力的進展」。[22]上面已經說過，為了獎掖後進，先生常常將其稿件修改以至重寫，這裡再引侯仁之一段話為例：當半月刊創刊時，他是燕大二年級的學生，先生在課上講到，此刊的出版為大家提供了一個練習寫作的園地，並為每人擬定了題目。侯君分到的題目是《〈漢書地理志〉中所釋之〈職方〉山川澤浸》，其時舊學根底不深，然此題乃以輯錄為主，最便於初學者，故能按期交卷，至於能否發表卻沒有信心。出其意料的是，這一篇習作很快就在此刊登出，而尤其使他感到「驚異的是這篇文章的緒論和結語，都經過了頡剛老師的修改、補充和潤飾，竟使我難於辨認是我自己的寫作了」。此事大大激勵了侯君，他說：「我決心去鑽研古籍，就是從這時開始的。」[23]先生不僅幫學生改文章，還將所以如此改動的原因告訴他們，使其知道為學之門徑。從前人有兩句詩：「鴛鴦繡出憑君看，不把金針度與人」；先生卻要反其道而行之，先把金針度與人，為的是希望別人繡出更美的鴛鴦。即使有的學生文章裡有反對先生的意見，先生也隨順了他們的意思為之修改發表，這在別人大覺奇怪的而在他則所行無事，正因為他堅信：必須許人這樣自由思想，學問界才能蓬勃發展。他這樣的悉心教誨，身邊自然吸引了許多有志於學問的青年，儘管半月刊沒有稿酬，但稿子卻源源不斷。在編輯半月刊時，先生為使初出校門的青年迅速

22　1935年10月23日致傅斯年信，《學習》1994年第6期。
23　侯仁之：《回憶與希望》，《歷史地理》創刊號，1981。

成長，又放手將任務交給他們，如此刊的不少「專號」，就是讓他們編的。據吳豐培回憶，當年先生要他編輯10餘萬字的「康藏專號」，僅給半個月時間，使他這位新手不免手忙腳亂；先生及時指出其不足，並教給不少編輯、校對的方法，使「專號」順利出版。吳君還說：「跟著顧先生工作，是沒有錢可賺的。但他盡量給人以出名的機會。」哪怕給禹貢學會捐贈了一點錢或幾冊書，先生都要在半月刊的「志謝」欄中為之表彰出來。用先生自己的話說，這樣做「使許多有志有為的人，都得到他的適當的名譽和地位，豈不是人生一樂？」當時曾有人批評他：辦《禹貢》半月刊是終日為他人忙，弄得自己學問毫無進步，寫不出多少文章；又賠了錢，太不值得。先生對此卻不屑一顧，認為說這種話的人只是注目於個人的名利，他絕不相信自己的功夫是白扔的。這種以培養人才為己任，而不顧個人得失和勞累的高尚境界，確實為當時一般學者所不能達到。

先生還常在經濟上接濟窮困青年，「畢業即失業」是當時普遍的社會現象，他極欲改變這種狀況，熱情地為畢業生謀職業，或學校、或圖書館、或出版社，使其能將所學貢獻於社會。如有一時找不到出路者，先生或者請其為自己做一些整理、抄寫資料的工作，自己按月付酬；或者就讓其以自己的名字寫書撰文，因為先生是著名學者，稿費自要高於一般人，使那些青年能靠稿費生活。

先生在《古史辨》第三冊《自序》中說過：

凡是一件有價值的工作必須由於長期的努力，一個人的生命不過數十寒暑，固然可以有偉大的創獲，但必不能有全部的成功，所以我

們只能把自己看作一個階段，在這個階段中必須比前人進一步，也容許後一世的人更比自己進一步。能夠這樣，學術界才可有繼續前進的希望，而我們這輩人也不致做後來人的絆腳石了。[24]

這充分反映了他正是出於對學術事業的公心，故而在自己孜孜不倦研究學問、努力超越前人的同時，又不遺餘力地培育人才，為後人超越自己創造條件。他這種為我國學術的不斷前進而獻身的精神，必將在後人身上發揚光大。

先生治學既是出以公心，因此他並不是鑽進象牙之塔，「兩耳不聞窗外事，一心唯讀聖賢書」，而是時時以國家和民族的命運為念，不忘記知識份子應盡的社會責任。他生於離亂之際，感觸所及自然和他人一樣有志救國，但因沒有政治的興趣和社會活動的才幹，便想以學術來救國。起初他想研究中華民族是衰老還是少壯這一「關係我們的生死存亡的」「最重大的歷史問題」，[25]以此編出一部新的中國通史來。後來在古史研究中提出要打破四個偶像，既是「為求真的學術計」，也是「為求生存的民族計」，「非有此破壞，我們的民族不能得到一條生路」。因為通過這個大破壞，可以使人知道「民族的光榮不在過去而在將來」，從而由沉沉的暮氣中掙脫出來，增強自信心和創造力，以抵抗強權。同時，先生欲以自己研究古書和古史的態度影響於他種學術上，更影響於一般社會上，大家分別「終身孜孜於幾件工作，切實地負責，真實地有成就，那麼這個可憐的中國，雖日在狂風

24　《古三序》，第9頁。
25　《古一序》，第90頁。

怒濤的打擊之中，自然漸漸地顯現光明而有獲救的希望了」。[26]

由於先生心中始終存有編纂一部通俗的國史之念，20年代曾為北京孔德學校作敘述性的《國史講話》；在燕大編漢代史講義時，「為將來編通俗中國通史之準備」，[27]又將此講義以敘述性而非考證性的文字寫成，即《漢代學術史略》一書，此書把關於「五德終始」淵博精深的學術內容寫得如此通俗活潑，類似科普性讀物，使人容易看懂，因此大受歡迎，多次重版，直到今天，依舊為人們所喜愛，甚至被人認為是先生著作中最有影響且最有價值者。那時也有人批評先生不該強迫古人講現代的話，意即高文典冊的研究，不應該用通俗文字來寫。其實先生使用這種寫法自有他的用意，只是抗戰前史學界的風氣是投向專的方面，而忽略了通的方面，先生的用意不易被人理解；更何況通俗化的專門文字最難寫，因為這必須把艱深的東西嚼爛了吐出來，功力不深厚者很難寫出這般文字來。

抗戰初期先生在雲南大學作《上古史講義》，再次運用這種寫法，以敘述性文字撰述，「使讀之者弗為考證之語所困」，又因為上古史材料少而問題多，如不加考證則無法看出真相，故又摘取自己及他人之研究結果以注語形式附于文後，「備有志治史者之尋省」。[28]也即是說，此講義的正文是通俗體裁，可供初學者及有一般文化程度者閱讀，而講義的注釋是考證體裁，可供有志研究者使用，這不能不說是先生在講義體例上的一種創新。在先生眾多的撰著計畫中，一直是

26　《古三序》，第9—10頁。
27　日記1933年2月17日，轉引自《年譜》，第207頁。
28　《〈浪口村隨筆〉序》。

區分不同的讀者群（如學者、大學、中學以至小學文化程度者）而將同一題材進行不同程度、不同內容的處理的，且不說中國通史的編撰，即便《尚書》研究的著述也欲按照學者的深入探討、一般人作為常識的瞭解等幾個層次分別寫作。而這部在雲南大學所作《上古史講義》，屆於當時烽火連天的局勢，先生便進行了一種將通俗與精深相結合的嘗試，在一部講義裡敘述與考證兩種體裁同時存在。當時亦有人笑他寫的是小說，他答道：「我正要寫成一部小說，本不稀罕登大雅之堂。」其目的就是「讓一般沒福享受高等教育的國民能看我們的正史，激起他們愛護民族文化的熱忱」；而讓大學生「也可看了我們的注釋，自己去尋求史料，作深入的研究」。[29]後來他將此講義陸續刊於《文史雜誌》，希望能影響更多的人以這種體裁寫作。抗戰前先生在學術上主要從事專題研究，精力總集中於一二個問題，範圍不廣；而此時欲將當前的古史研究系統化，使初學者得以接受較正確的古史常識，所以撰寫範圍大大擴展，包括了民族、疆域、政治、社會、宗教、學術等方方面面。因此可以說，這部講義也是先生總結自己多年來上古史研究所得，對古史系統進行全面建設的一個嘗試。

以後隨著抗戰的深入，時局日益險惡，而在此兵荒馬亂之際，先生愈加感到歷史是民族文化的結晶、民族自信心的基石，個人的生命隨時會有危險，但是「歷史的傳統是不能一天中斷的」，「文化的蠟炬在無論怎樣艱苦的環境中總得點著，好讓子遺的人們或其子孫來接受這傳統」。[30]為此他在極端低劣的物質條件之下主編《文史雜誌》一

29　《〈商王國的始末〉引言》，《文史雜誌》1卷2期，1941。
30　《〈文史雜誌〉復刊詞》，此刊6卷1期，1948。

抗戰期間壽命最長的極少數文史類刊物之一，此刊發表了大量有價值的文章，出過不少專號，擁有大量的讀者，為他們所歡迎。他又發起編撰「中國名人傳」，自周迄清選出二百餘人，「期就此數百人之身而表現其各個時代與各個社會之背景」，分之為二百餘冊，合之為一書，「而《中國通史》之雛形於是乎在矣」。[31]他念念不忘要作通俗的國史，要「就自己的行業，把確實而有系統的歷史知識介紹給全體國民」，由於「歷史知識裡最容易發生興趣的是名人傳記，最能給人以做人榜樣的也是名人傳記」，故而從此處著手。他認為中華民族數千年來終不滅亡，其最重要的原因之一，就因為「無數的聖賢豪傑把我們的國魂陶鑄熔冶，已煉成了金剛不壞之身了」，[32]期望人們在接受歷史知識的同時能以歷史上的優秀人物為榜樣，認識我們的立國精神，在國難當頭之時共圖民族復興的大業。先生親自撰寫《晉文公》，作為「名人傳」的第一冊，此書當時即被譽為「極生動之通俗歷史，不獨對民眾，即一般知識階級之非專攻歷史者，讀之亦覺盎然有味」。[33]

在抗戰勝利後，先生仍堅持史學應包括兩方面的工作：一是專家的研究，這是史學的基石，不可缺少；一是普及知識，即將專家研究的成果融會貫通之後送給一般人看，而對後者期望尤切，認為「喚起民族意識，把握現代潮流，都靠在這上了」。[34]並且希望「史學家和文學家聯合起來」，把史學中取得的正確的材料和系統的知識以文學

31　《編輯〈中國名人傳〉說明書》，轉引自《年譜》，第314頁。
32　《我們為什麼要編名人傳》，轉引自《年譜》，第315頁。
33　方詩銘：《記顧頡剛先生主編的〈文史雜誌〉》，《文史雜誌》1985年第1期。
34　《〈史苑〉發刊詞》，1946年9月16日《益世報》。

的筆法介紹給大眾，也就是「嚼飯哺人」。[35]他不僅時時提倡，而且身體力行，既致力於史學研究的深入，又注意專門成果通俗化的淺出，這在當代史學家裡是極少有的。他所以能這樣做，除了學養深厚、文采斐然的有利條件外，更得自那種書生報國的赤誠。

　　1965年冬至1966年春，先生因病手術後去香山療養所療養，應同所療養者何啟君之請，為其講述中國歷史，先生說：「予在工作崗位上，向來只是用顯微鏡，而此次卻要用望遠鏡。然以予所學，欲為工農兵服務，亦唯有此系統的『概論』方式，才能使大眾懂得，且使自己所學串成一個系統也。」[36]即使只有一個聽眾，先生也認真做了準備，在10餘次的講述中，包括了古代民族、歷史、神話傳說、古籍、古文字、古器物以及古代學術、社會、文學、宗教等各方面的內容，真正是將他一生所學以概論的方式串成一個系統，深入淺出，引人入勝，既顯示出他學識的淵博與精深，又顯示出他意欲普及歷史知識，為大眾服務的良苦用心。當時先生曾希望何啟君將記錄稿整理出版，10餘年後，這一願望終於實現：何啟君的筆記萬分僥倖地在「文革」劫難後得以歸還，他便竭盡全力整理為《中國史學入門》一書出版，受到廣大讀者的歡迎，10年間已出版3次，由初版而至修訂版、增訂版，另外還在香港地區及日本出版。這本書，可以說是先生一生編纂通俗國史、普及歷史科學知識的心願的結晶。

　　另外，先生由於從事民俗學的研究，當「五卅」慘案發生，北大師生推他作宣傳性文字時，他為使民眾樂於接受，就用民眾的口氣和

35　《〈文訊〉復刊詞》，此刊6卷1期，1946。
36　日記，1965年12月27日。

他們慣用的表現形式—民歌體裁作《傷心歌》，印成傳單散發，沒過幾日這首歌便廣為流傳。這使先生深感通俗文學確是教育民眾的利器。九一八事變發生，日寇氣焰囂張，兩年後又進佔熱河，燕大師生感到時局危急，便組織抗日會，推先生擔任宣傳工作。他根據「五卅」時期作宣傳的經驗，認為大鼓書在北方鄉村中最流行，故最適宜以此方式來宣傳民眾。於是，就辦起「三戶書社」，徵求抗日鼓詞，由先生修改後出版，以極低廉的價格銷售；繼而先生又感到僅向民眾宣傳抗日還不夠，必須兼及史地、醫藥衛生、社會、工農業等方面常識，以使其具備現代意識，故改書社為通俗讀物編刊社，擴大範圍。他認為，新文化運動開展十幾年來僅侷限於城市，只能在受過相當新式教育的人們中間找到讀者，與鄉村民眾是完全絕緣的。新文化運動所以不能深入下層民眾的原因，不在於內容不適當，而在於作品的形式和大眾距離太遠，更在於提倡者沒有根據教育原理替鄉村民眾創作出他們所需要的作品來。因此他主張「舊瓶裝新酒」的方法，即抓住民眾生活中的現實問題及當前抗日形勢下的急迫要求等題材，用民眾熟悉的章回小說、鼓詞、彈詞、歌謠、連環畫、年畫等形式和用語，來宣傳革命的科學的思想，創作出足以提醒、指導、鼓勵以至轉化民眾的作品。在先生領導下，通俗讀物編刊社的工作甚有成效，至七七事變後該社遷離北平之時，已出版通俗讀物小冊子近200種，其中以大鼓書體為多，也有劇本和記敘體的，每種印數由最初的5000冊而至後來的5萬、10萬冊，如反映綏遠抗戰的《百靈廟》，半年內印了5版，每版2萬冊；如反映七七事變的《盧溝橋》，7月15日編出，一星期內已銷出5000冊。又出版年畫三四十種，每種印10萬張；出版連環畫兩套；另外還有些長篇的劇本和小說。發行網也由北平發展到河北

各縣，進而又發展到黃河流域。

那些年，先生以一半的精力在從事通俗讀物的工作，即使在北平淪陷後敵寇日益深入我國領土的形勢下，他仍認為「歷來文化運動，都起於民族衰微的時候」，並以為抗戰之後「必有大規模的新文化運動發生。那時的運動，將不由士大夫階級主持，而由全體民眾直接活動」。也許是先生看到自九一八以來全民族的逐步覺醒，故而有此種預言，這與他10餘年前對大眾文化所持的看法並不矛盾；進而他指出：「為作這運動的準備，我們有知識的人，此時應教育大眾，與大眾發生關係。」[37]而通俗讀物就是知識份子「教育大眾，與大眾發生關係」的最好工具，先生認為，通俗讀物不是「一時的興奮劑」，而是「早晚果腹的食糧」。要使民眾成為健全的公民，那麼「公民所應有的知識全都要用文學的技巧灌輸到不甚受教育的民眾心中，使得他們可以身體力行」。[38]鑒於這種認識，他不僅將通俗讀物社的工作開展至西北、西南，共出版大鼓書等讀物600餘種，行銷5000餘萬冊，而且還在蘭州創辦《老百姓》旬刊，以西北流行之民歌方式進行抗日宣傳，並親自用鼓詞體為此刊作發刊詞《開場小唱》。直至抗戰勝利以後回到蘇州，仍然組織民眾讀物社，辦《民眾週刊》。一位著名的史學家，而能與民眾結合得如此緊密，可以說是不多見的。

37　1937年10月9日在臨洮歡迎大會上的講演詞，轉引自《顧頡剛年譜》，第279頁。
38　《通俗讀物的重要性》，1939年1月8日《雲南日報》。

■ 附錄一　顧頡剛學術行年簡表

1893年　1歲

5月8日（陰曆三月二十三日）生於江蘇省蘇州市。

1894—1897年　2—5歲

在家中由祖父、母親、叔父教識字、讀書。

1898—1905年　6—13歲

入私塾，讀《四書》畢，又讀《詩經》、《左傳》畢，讀《禮記》未畢。讀書之餘喜聽家人講民間故事及蘇州的掌故舊聞，由此啟發了對歷史的興趣。讀書不肯盲從，喜在書上批抹。8歲時根據《四書》中之歷史系統及祖父所講天地開闢的神話，串聯成一篇《小史》。又讀《古文翼》，跟父親學作文。自讀《新民叢報》，喜愛梁啟超的文章。

1906—1907年　14—15歲

考入長元吳公立高等小學校，接受新式教育。入校不久，因患足疾在家養病兩月，閱《漢魏叢書》及《二十二子》，略識古書全貌。病癒返校，英文、算學遂不及人，故益致力國學。始讀《國粹學報》，接受章太炎「整理國故」的思想。

1908—1912年　16—20歲

考入蘇州公立第一中學堂。受師友影響，極愛詩文，並常到玄妙觀舊書肆閱覽。二年級時，每晚由祖父教讀《尚書》、《周易》、《禮記》，半年餘讀畢。翻閱《國朝先正事略》，從閻若璩傳中得知其已把《古文尚書》辨明是魏晉間人偽造的；感到《今文尚書》中《堯典》等篇與《偽古文》文氣相似，亦欲辨之。又讀姚際恒《古今偽書考》，知其將《漢魏叢書》中不少書列為偽書，深感古書中問題之多。

1913年　21歲

考入北京大學預科，因報農科，編入二部。製圖、數學功課吃力。12月，每晚到化石橋聽章太炎講學，得知今古文經學的分歧，願從章太炎「六經皆史」的觀點。嗜觀京戲。

1914年　22歲

因欲改入文科，休學半年，每日看戲，由此認識到戲劇故事的變遷。秋後入預科一部，始正式用功。聽馬裕藻國文課、沈兼士文字學課，甚得益。自讀八種書，依次按日圈點誦讀，其中從夏曾佑《中國歷史教科書》裡得知上古有「神話時代」和「傳疑時代」。受章太炎攻擊今文家「通經致用」的啟發，敢於為求真而治學。

記《寒假讀書記》，此為畢生所記200冊讀書筆記之首。

作《〈古今偽書考〉跋》（《古史辨》第一冊）。

1915年　23歲

因病休學在家。始讀康有為《新學偽經考》、《孔子改制考》，受其「上古事茫昧無稽」的觀念影響；知今文家自有其立足點，古文家亦有不可信處。

1916年　24歲

作《清代著述考》，成稿20冊。編《學覽》、《學術文抄》。夏，考入北京大學文科中國哲學門。聽陳漢章中國哲學史課、崔適春秋公羊學課、陳大齊西洋哲學史課。

1917年　25歲

蔡元培任北大校長，聘陳獨秀、胡適任教。聽章士釗邏輯課，胡適中國哲學史課、修辭學課，胡適講中國哲學結胎的時代丟開三皇五帝而從周代講起，在學生中產生極大震動。又讀胡適《諸子不出於王官論》。從胡

適學作白話文。

1918年　26歲

因妻病故而患失眠，休學在家。北大教授徵集歌謠並在《北京大學日刊》陸續發表，讀後感耳目一新。冬，參加北大同學傅斯年等發起成立之新潮社，為首批社員。

1919年　27歲

在家養病，搜集歌謠，方知歌謠也和小說戲劇中的故事一樣，會隨時隨地變化。又將搜集範圍擴大到方言、諺語、謎語、唱本、風俗、宗教各種材料。9月，到校復學。

作《中國近來學術思想界的變遷觀》（《中國哲學》11輯，1984年）。

1920年　28歲

夏，北大畢業。留校任助教，為圖書館編目員。讀胡適《〈水滸〉序》及辨論井田的文字，認識到故事的來歷和演變有許多層次，研究古史也可以應用研究故事的方法。冬，應胡適囑，搜集姚際恒辨偽資料，標點《古今偽書考》，欲總結前人辨偽的成績。

1921年　29歲

任北大圖書館職，兼管國文系參考室。秋，兼任北大預科國文講師，授作文課，旋辭。11月，北大研究所國學門開辦，任助教，兼圖書館事。

與胡適、錢玄同討論辨偽書、偽事，計畫編輯「辨偽叢刊」（通信刊《古史辨》第一冊）。始有推翻古史的明瞭的意識和清楚的計畫，提出《偽史考》設想。標點《四部正訛》、《諸子辨》等，輯錄《詩辨妄》，決定標點《崔東壁遺書》。助胡適搜集曹雪芹家世資料，與胡適、俞平伯討論《紅樓夢》（通信分刊《中華文史論叢》1981年4輯、《紅樓夢學刊》1981年3期）。

自本年起，始記《頡剛日程》，曆60年。

1922年　30歲

因祖母病，請長假歸蘇。為商務印書館編中學語文、歷史教科書，由此研究《詩經》、《尚書》、《論語》中古史資料，從堯、舜、禹的地位的演變發現古史是層累造成的，發生的次序和排列的系統恰是一個反背。由鄭樵詩說啟發了對《詩經》的懷疑，並敢於以歌謠去研究《詩經》。始識王國維，與之通信討論《尚書》（通信分刊《文獻》15、18輯，1983年）。始標點《崔東壁遺書》。

又作《鄭樵著述考》（《國學季刊》1卷1號，1923年）。

《鄭樵傳》（《國學季刊》1卷2號，1923年）。

《〈非詩辨妄〉跋》（《北大研究所國學門週刊》6期，1925年）。

1923年　31歲

在《努力週報》上發表《與錢玄同先生論古史書》（刊《古史辨》第一冊），提出「層累地造成中國古史」觀，引起一場古史大辯論。在辯論中又提出打破民族出於一元、地域向來一統、古史人化、古代為黃金世界四個觀念。

標點姚際恒《詩經通論》（中華書局，1958年）。

與友人成立樸社，欲自行出書。

12月，回北大研究所復職。年底，赴河南參觀新鄭出土文物。

又作《〈詩經〉在春秋戰國間的地位》（《古史辨》第三冊）。

《鄭樵著述考》（續）（《國學季刊》1卷2號）。

《〈紅樓夢辨〉序》（本書首，商務印書館，1923年）。

《論〈今文尚書〉著作時代書》（《古史辨》第一冊）。

《答劉胡兩先生書》（《古史辨》第一冊）。

《討論古史答劉胡二先生》（《古史辨》第一冊）。

《從〈詩經〉中整理出歌謠的意見》（《古史辨》第三冊）。

1924年　32歲

任北大研究所國學門助教，編輯《國學季刊》、《歌謠》週刊。作神道、風俗文多篇入《歌謠》。又作《孟姜女故事的轉變》入《歌謠》（刊《孟姜女故事研究集》），引起巨大反響，一時成為數十位學者共同的課題；編《孟姜女專號》。前幾年所集《吳歌甲集》被北大歌謠研究會作為該會歌謠叢書第一種，先刊於《歌謠》，遂整理之。

兼任孔德學校教員，作《國史講話》。為《語絲》、《現代評論》作文。

又作《我的研究古史的計畫》（《古史辨》第一冊）。

《紂惡七十事的發生次第》（《古史辨》第二冊）。

《宋王偃的紹述先德》（《古史辨》第二冊）。

1925年　33歲

《歌謠》週刊擴張為《北京大學研究所國學門週刊》後，繼續編輯。受北大風俗調查會之托，與同人到妙峰山調查進香風俗，歸後編輯《妙峰山進香專號》，作《妙峰山的香會》入專號（刊《妙峰山》）。作《吳歌甲集附錄·寫歌雜記》發表（《吳歌甲集》）。作《尚書》單篇譯文發表（《〈盤庚〉中篇的今譯》、《〈盤庚〉上篇今譯》、《〈金縢〉篇今譯》均刊《古史辨》第二冊），受到學術界好評。

「五卅」慘案發生，承北大同人推作文字向民眾宣傳，因以通俗文字作傳單，效果甚好。又任北大救國團出版股主任，編輯《救國特刊》刊於《京報》。

與友人在京重組樸社，任總幹事。開門市部景山書社，預備出書。

又作《論古史研究答李玄伯先生》（《古史辨》第一冊）。

《虞初小說回目考釋》（《古史辨》第二冊）。

《論〈詩經〉所錄全為樂歌》（《古史辨》第三冊）。

《答柳翼謀先生》（《古史辨》第一冊）。

《〈北京大學研究所國學門週刊〉一九二六年始刊詞》（本刊13期，1926年）。

1926年　34歲

編著之《古史辨》第一冊由樸社出版，作長篇自序，說明自己研究古史的方法和所以有這種主張的原因。此書在學術界及社會上引起轟動。《崔東壁遺書》大致編訖，交上海亞東圖書館待印。《吳歌甲集》由北大出版。《諸子辨》由樸社出版。

到華文學校講演，始識恒慕義（A.W.Hummel）、博晨光（L.C.Porter）。

8月，抵廈門。任廈門大學國學研究院史學研究教授，編《國學研究院週刊》；兼國學系名譽講師，授「經學專書研究」課，講《尚書》，編《尚書講義》。

又作《孟姜女故事研究》（《孟姜女故事研究集》）。

《瞎子斷匾的一例——靜女》（《古史辨》第三冊）。

《秦漢統一的由來和戰國人對於世界的想像》（《古史辨》第二冊）。

《蘇州的歌謠》（日本《改造雜誌》8卷8號，1926年）。

《〈諸子辨〉序》（《古籍考辨叢刊》第一集）。

《春秋時的孔子和漢代的孔子》（《古史辨》第二冊）。

1927年　35歲

4月，應中山大學之聘，抵廣州。校中派往江浙一帶購書，作《購求中國圖書計畫書》（刊《文獻》8輯，1981年）。10月，返校，任中山大學

史學系教授兼主任，授「中國上古史」、「書經研究」、「書目指南」課及文史導課，編講義《中國上古史》、《尚書學》。又主編《國立中山大學語言歷史學研究所週刊》，編《圖書館週刊》。在中大語言歷史學研究所內發起成立民俗學會，議決刊行叢書。

又作《讀李崔二先生文書後》（《古史辨》第二冊）。

《悼王靜安先生》（《文學週報》276期，1928年）。

1928年　36歲

又任中大語言歷史學研究所事務委員會常務委員、出版物審查委員會委員、圖書館委員會委員、圖書館中文舊書整理部主任。編《民俗》週刊，辦民俗學傳習班。編《妙峰山》、《孟姜女故事研究集》三冊、《蘇粵的婚喪》，作為民俗學會叢書出版。9月，任「古代地理研究」、「春秋研究」、「孔子研究」、「中國上古史實習」、「三百年來思想史」課，編講義。12月，任中大語言歷史學研究所主任。

應中央研究院院長蔡元培邀，與傅斯年等共同籌辦該院歷史語言研究所，後因與傅意見不合退出籌辦。

校點《子略》，由樸社出版。

又作《〈民俗〉發刊詞》（本刊1期，1928年）。

《聖賢文化與民眾文化》（《民俗》5期，1928年）。

1929年　37歲

任中央研究院歷史語言研究所特約研究員。

2月，離廣州北返。9月，任燕京大學國學研究所導師研究員及學術會議委員。又任燕大歷史學系教授，授「中國上古史研究」課，編講義，至次年編畢。又任《燕京學報》編輯委員會委員。

在樸社議決出版《辨偽叢刊》，《四部正訛》出版。標點《詩疑》入

《辨偽叢刊》。

始識錢穆。

又作《〈四部正訛〉序》（《古籍考辨叢刊》第一集）。

《〈周易卦爻辭〉中的故事》（《古史辨》第三冊）。

《中國上古史研究講義》（中華書局，1988年。其中：25章《論〈易繫辭傳〉中觀象制器的故事》又刊《古史辨》第三冊；32章《王肅之五帝說及其對於鄭玄之感生說與六天說之掃除工作》又刊《史學論叢》2期，1935年；33章《三統說的演變》、34章《潛夫論中的五德系統》又刊《古史辨》第七冊；《第二學期講義序目》又刊《古史辨》第五冊）。

1930年　38歲

任燕京大學國學研究所研究員及學術會議委員，研究《堯典》、《禹貢》之著作時代問題，《周易》經傳之著作時代問題，三皇五帝之系統問題。任《燕京學報》編輯委員會主任，主編此刊第七、八期。仍授「中國上古史研究」課，並就講義所論「帝系考」擴展而寫成《五德終始說下的政治和歷史》（刊《古史辨》第五冊），專門研究王莽時代的五帝說，揭露古史體系層累構成的經過。任燕大圖書館中文國學書籍審購委員會委員。

編著之《古史辨》第二冊由樸社出版，作自序。陸續編校《書序辨》、《詩辨妄》、《左氏春秋考證》等書入《辨偽叢刊》。《古今偽書考》、《詩疑》由景山書社出版。

始與徐文珊合作整理《史記》。

任北平研究院史學研究會會員，兼北平志編輯委員。

又作《〈詩疑〉序》（《古史辨》第三冊）。

《〈古今偽書考〉序》（《古籍考辨叢刊》第一集）。

1931年　39歲

因燕大國學研究所結束，則任哈佛燕京學社研究員。春，與燕大同人組成考古旅行團，到河北、河南、陝西、山東四省調查古物古跡，其中專去大名訪問崔東壁故里，歸作《辛未訪古日記》（刊《開明書店二十周年紀念文集》，開明書店，1947年）。8月始，作《〈堯典〉著作時代考》（刊《文史》24輯，1985年）。9月，授「尚書研究」課，講《堯典》，編《尚書研究講義》。編輯《尚書學》。

9月，始任北京大學史學系兼課講師，授課同燕大。

編著之《古史辨》第三冊由樸社出版，作自序。

任北平圖書館購書委員會委員。

1932年　40歲

1月，赴杭省親，因淞滬抗戰，交通阻隔，留杭5月。在杭為燕大圖書館購書，於一藏書家處發現姚際恒《儀禮通論》鈔本，乃借抄之。9月，在燕大、北大授「中國古代地理沿革史」課，講《禹貢》，編《尚書研究講義》，至1934年。又任北大「中國通史」課，講神話中的古史、秦漢宗教等。據燕大《中國上古史研究講義》所論三皇部分始撰寫《三皇考》，至1935年寫畢（刊《古史辨》第七冊）。

又作《從〈呂氏春秋〉推測〈老子〉之成書年代》（《古史辨》第四冊）。

《讀〈周官・職方〉》（《禹貢》7卷6、7合期，1937年）。

1933年　41歲

2月，又在燕大歷史系代「秦漢史」課，據《五德終始說下的政治和歷史》及上年在北大所講編講義，此講義後以《漢代學術史略》為題多次出版（五十年代後，又以《秦漢的方士與儒生》為題多次出版）。9月，

又任兩校「春秋戰國史」課，編講義。

《古史辨》第四冊由羅根澤編著，由樸社出版。為此書作序，提出擬寫帝系、王制、道統、經學四考的設想，欲分別打破古史中種族、政治、倫理、學術的偶像。

請人繪製《地圖底本》，至1937年止。

任燕大教職員抗日會宣傳幹事，發起徵集抗日鼓詞，以「三戶書社」名義出版，又辦金利書莊銷售之。後書社改名為通俗讀物編刊社，任主任，其目標除提倡抗日救國外，並注意於國民道德之培養及現代常識之灌輸。8年間出版通俗讀物小冊子600餘種，行銷5000多萬冊，以大鼓書體裁為多。

又作《州與嶽的演變》（《顧頡剛選集》）。

《讀〈尚書・禹貢篇〉之偽〈孔傳〉與孔氏〈正義〉》（《禹貢》7卷1—3合期，1937年）。

1934年　42歲

2月，因授「中國古代地理沿革史」課，便以學生課作為基礎，創辦《禹貢》半月刊，與譚其驤合寫發刊詞。夏，與燕大同人去綏遠參觀，瞭解到邊疆和民族問題的危機，歸後便將《禹貢》半月刊的方向轉到這方面。至「七七」事變時，此刊共出七卷81期，造就了「禹貢學派」。

作《古史辨》第五冊自序。

編輯《大公報・史地週刊》，至1936年。

任故宮博物院理事。

又作《〈五藏山經〉試探》（《史學論叢》1期，1934年）。

《兩漢州制考》（《慶祝蔡元培先生六十五歲論文集》，中央研究院歷史語言研究所，1935年）。

《戰國秦漢間人的造偽和辨偽》（《古史辨》第七冊）。

《讀〈爾雅‧釋地〉以下四篇》（《史學年報》2卷1期，1934年）。

《古史中地域的擴張》（《顧頡剛選集》）。

《王同春開發河套記》（《禹貢》2卷12期，1935年）。

1935年　43歲

編著之《古史辨》第五冊由樸社出版。

以燕大規定教書滿5年者可休假1年，3月，應北平研究院聘任史學研究會歷史組主任。

10月，任北大「春秋史」課，編講義。

作《〈崔東壁遺書〉序》（本書首，亞東圖書館，1936年）。

1936年　44歲

主編北平研究院《史學集刊》。

7月，任燕大歷史系主任。9月，任兩校「春秋史」課，重編講義，童書業助之。又在燕大新開「古跡古物調查實習」課，為養成學生自動搜集材料之興趣，俾所學不受書本限制，率領學生調查北平及涿州、宣化等地古跡古物。

編訂之《崔東壁遺書》由亞東圖書館出版，此項工作前後歷15年。

與徐文珊合理之《史記》（白文本）由北平研究院出版，為此書作序。主編之《尚書通檢》由哈佛燕京學社出版，為此書作序。

5月，成立禹貢學會，任理事。八月，任理事長。

5月，與胡適、錢玄同等發起成立風謠學會。

9月，與馮家升在燕大發起成立邊疆問題研究會，任理事。

11月，與北平研究院同人赴陝西出席考古會年會。

又作《禪讓說出於墨家考》（《古史辨》第七冊）。

《夏史三論》（與童書業合寫）（《古史辨》第七冊）。

《吳歌小史》（《顧頡剛選集》）。

《墨子姓氏辨》（《史學集刊》2期，1936年）。

1937年　45歲

始識平岡武夫。

4月，西北移墾促進會成立，任主席理事。

5月，風謠學會開年會，被選為會長。

作《蘇州近代樂歌》（《歌謠》3卷1期，1937年）。

《九州之戎與戎禹》（《古史辨》第七冊）。

《春秋時代的縣》（《禹貢》7卷6、7合期，1937年）。

《鯀禹的傳說》（與童書業合寫）（《古史辨》第七冊）。

「七七」事變後，與通俗讀物編刊社遷綏遠。

8月，應管理中英庚款董事會聘，任補助西北教育設計委員。9月，抵蘭州，考察甘肅省及西寧市教育。任甘肅青年所辦「老百姓」社社長，出版《老百姓》旬刊，以西北民歌方式作抗敵宣傳。

1938年　46歲

至甘肅臨洮、渭源辦小學教員講習班，至隴西10餘縣考察。

10月，抵昆明，任雲南大學教授，授「經學史」、「中國上古史」課。

北平研究院在昆明重組史學研究所，仍任歷史組主任。

在昆明《益世報》創辦《邊疆》週刊。

羅根澤編著之《古史辨》第六冊由上海開明書店出版。「七七」事變後樸社停業。

1939年　47歲

在雲南大學以語體文編《上古史講義》，並將專題研究結果以注語形式附正文後（刊《顧頡剛古史論文集》第二冊）。

住昆明北郊浪口村，盡力讀書，記筆記《浪口村隨筆》。

9月，抵成都，任齊魯大學國學研究所主任，任齊大「中國古代史」課。

又作《中華民族是一個》（《益世報》1939年2月13日）。

1940年　48歲

上半年任齊大「中國古代史」、「古代史實習」課。秋，在研究所任「目錄學」、「春秋學」、「經學」、「古物古跡調查實習」、「編輯方法實習」課。

創辦《責善》半月刊及《齊大國學季刊》。

12月，應四川省政府古物保存委員會邀到外縣視察古物古跡。

任教育部史地教育委員會委員。

1941年　49歲

3月，中國邊疆學會成立，任理事長，後該會與重慶等地邊疆學會合併，任總會副理事長。

作《古代巴蜀與中原之關係說及其批判》（刊《論巴蜀與中原的關係》，四川人民出版社，1981年）。

6月，抵重慶，任文史雜誌社副社長，主編《文史雜誌》，至1949年。

11月，至中央大學兼課，授師範學院國文系「古代文學」課、文學院史學系「中國古代史研究」課。

《古史辨》第七冊由呂思勉、童書業編著，上海開明書店出版。

1942年　50歲

任中央大學專任教授，秋，授文學院史學系「春秋戰國史」課，講課筆記後以《春秋三傳及國語之綜合研究》為題出版（巴蜀書社，1988年）；又授師範學院國文系「史記研究」課。任中大出版委員會委員、出版部主任。

代理邊疆語文編譯委員會副主任委員。

又作《秦漢時代的四川》（刊《論巴蜀與中原的關係》）。

1943年　51歲

辭邊疆語文編譯會、中央大學職。

4月，與人合辦中國史地圖表編纂社，任社長。11月，大中國圖書公司成立，以史地圖表社為編輯所，任所長。主編「中國名人傳」。

3月，中國史學會成立，任常務理事。

1944年　52歲

3月，任復旦大學史地系教授，授「史記研究」課。秋，授「春秋戰國史」、「歷史地理」課。

作《西北考察日記》（合眾圖書館油印，1949年；中國社會科學院邊疆史地研究中心，1983年）。

任北碚修志委員會常務委員。

齊魯大學又邀任國學研究所主任，11月，抵成都，任齊大「中國地理沿革史」、「春秋史」課。後以校中起風潮，即返重慶。

又作《〈詩經通論〉序》（《文史雜誌》5卷3、4合期，1945年）。

1945年　53歲

秋，在復旦授「歷史地理」、「方志實習」課。

任北碚修志委員會主任委員。

11月，任文通書局編輯所所長，編《文訊》。

1946年　54歲

2月，抵北平，查尋為日人所掠去之藏書。擬恢復禹貢學會，主編《禹貢》週刊。

7月，大中國圖書局在滬開辦，任總經理，至1953年。

8月，任蘇州社會教育學院教授，授圖書博物館系「中國目錄學」課、社會事業系「中國古代社會史」課。

11月，任復旦大學「中國史學名著選讀」、「商周史」課。

任蘭州大學教授兼歷史系主任。

編輯《益世報·史苑》。

文通書局編輯所遷蘇。

1947年　55歲

1月，辭復旦大學職。

春，在社會教育學院授「民眾讀物」、「考古學」課。秋，授「中國社會史」課。

又創辦《民眾》週刊。6月，民眾讀物社成立，任理事。7月，任理事長。

與丁君匋主編「中國歷史故事小叢書」。

《文史雜誌》改由文通書局出版。為此刊作《復刊詞》（刊6卷1期，1948年）。

1948年　56歲

在社會教育學院又授「上古史料研究」課。3月遷居至滬，課由人代。

6月，抵蘭州，就職蘭州大學。授「上古史研究」課，編講義。12月，返滬。

當選為中央研究院人文組院士。

1949年　57歲

理《西北考察日記》、《上游集》、《浪口村隨筆》交合眾圖書館油印。

5月，任誠明文學院教授，授「目錄學」、「春秋左傳」課。8月，任該校中文系主任。9月，授「校勘學」、「傳記研究」、「中國文學史」。

12月，任震旦大學教授，授「專書選讀」課。

1950年　58歲

在誠明文學院又授「史漢比較研究」、「尚書研究」課。

在震旦大學又授「考證學」課。

作《昆侖傳說與羌戎文化》（其中：《從古籍中探索我國的西部民族——羌族》刊《社會科學戰線》1980年1期；《〈山海經〉中的昆侖區》刊《中國社會科學》1982年1期；《〈莊子〉和〈楚辭〉中的昆侖和蓬萊兩個神話系統的融合》刊《中華文史論叢》1979年2輯；《穆天子傳及其著作年代》刊《文史哲》1卷2期，1951年；《〈禹貢〉中的昆侖》刊《歷史地理》創刊號，1981年；《昆侖和河源的實定》刊《歷史地理》3輯，1983年；《鄒衍及其後繼者的世界觀》刊《中國古代史論叢》1981年1輯；《〈水經〉中的河源》刊《文史集林》1輯，1985年；《酒泉昆侖說的由來及其評價》刊《中國史研究》1981年2期；《偽東方朔書的昆侖說》刊《中國歷史地理論叢》2輯，1985年）。

8月，任上海市文物管理委員會委員。

任中國新史學研究會上海分會幹事。

1951年　59歲

8月，誠明文學院併入上海學院。秋，授「古籍整理」課。

作《尚書·周誥》校釋譯論（其中《酒誥》刊《文史》33輯，1990年）。

1952年　60歲

任復旦大學兼任教授，授「中國民族史料」課。9月，上海學院被取消，任復旦大學專任教授，請假一年。

作《尚書·顧命》節譯（見李亞農《欣然齋史論集》，上海人民出版社，1962年）。

任中國史學會上海分會理事。

1953年　61歲

春，與復旦大學師生到蘇州考古。

與章巽合編《中國歷史地圖集》（地圖出版社，1955年）。

1954年　62歲

8月，抵京，任中國科學院歷史研究所研究員。此後任職未再變。

11月，任標點《資治通鑒》之總校對。

1955年　63歲

任歷史研究所學術委員會委員。

校點《資治通鑒》畢。始校點《史記》。

將《辨偽叢刊》十種編為《古籍考辨叢刊》第一集，本年由中華書局出版，並作《〈子略〉序》入此書。又編第二集，未出版（其中：《〈周官辨非〉序》刊《文史》6輯，1979年，題《「周公制禮」的傳說和〈周官〉一書的出現》；《〈周官辨〉序》刊《文史》37輯，1993年，題《方苞考辨〈周官〉的評價》；《〈禮經通論〉序》刊《文史》38輯，1994年，題《〈儀禮〉和〈逸禮〉的出現與邵懿辰考辨的評價》）。

結束禹貢學會。

1956年　64歲

始整理讀書筆記。

1957年　65歲

應中國科學院地理研究所邀，編《中國古代地理名著選讀》。

作《息壤考》（刊《顧頡剛古史論文集》第二冊）。

1958年　66歲

校點《史記》畢。

2月，出席國務院科學規劃委員會古籍整理和出版規劃小組成立會。

3月，應北大邀任朝鮮留學生李址麟導師。

7月，任中國民間文藝研究會常務理事。

1959年　67歲

著手整理《尚書》。

作《〈禹貢〉（注釋）》（刊《中國古代地理名著選讀》，科學出版社，1959年）。

5月，任全國政協文史資料研究委員會副主任委員。

1960年　68歲

始整理《尚書·大誥》，其中校勘、注釋、章句、今譯四部分一、二稿畢。

1961年　69歲

編定《史林雜識》初編。

《大誥》之史事考證初稿畢，其中《武王的死及其紀元》一章抽出，修改後另刊（《文史》18輯，1983年）。研究《逸周書·世俘》及古代曆法。

1962年　70歲

改定《史林雜識》初編（中華書局，1963年）。

將《〈尚書·大誥〉今譯》摘要發表（刊《歷史研究》1962年4期）。

作《〈逸周書‧世俘篇〉校注、寫定與評論》（刊《顧頡剛古史論文集》第二冊）。繼續撰寫《大誥譯證》，至1966年。調劉起釪為助手，整理《尚書》。

1964年　72歲

春，至北大為中文系古典文獻專業講「經學通論」，編提綱。

1965年　73歲

作《由「烝」、「報」等婚姻方式看社會制度的變遷》（刊《文史》14、15輯，1982年）。

因病，手術後至療養所，為何啟君講中國歷史，以後由何啟君將筆記整理為《中國史學入門》出版（中國青年出版社，1983年；又修訂版，1986年；又增訂版，1993年）。

1966年　74歲

8月，《大誥譯證》被迫暫停，此項工作歷時7年，成70萬字。其中史事考證部分以後陸續刊出（《「三監」人物及其疆地》，《文史》22輯，1984年；《周公執政稱王》，《文史》23輯，1985年；《三監及東方諸國的反周軍事行動和周公的對策》，《文史》26輯，1986年；《周公東征和東方各族的遷徙》，《文史》27輯，1986年；《康王以下的東征和北征》，《文史》29輯，1988年；《三監的結局》，《文史》30輯，1988年；《奄和蒲姑的南遷》，《文史》31輯，1988年；《徐和淮夷的遷留》，《文史》32輯，1990年；《周公東征勝利後東土的新封國》，《中國史學集刊》1輯，江蘇古籍出版社，1987年）。

1971年　79歲

始主持標點二十四史工作，至1978年此部書出齊。

1976年　84歲

與劉起釪繼續《尚書》整理工作。

1978年　86歲

與劉起釪合寫《〈尚書〉校釋譯論》（其中：《牧誓》篇，刊《中國史研究》1979年1期；《盤庚》篇，刊《歷史學》1979年1、2期；《西伯戡黎》篇，刊《中國歷史文獻研究集刊》1集，1980年；《湯誓》篇，刊《鄭州大學學報》1980年1期；《微子》篇，刊《社會科學戰線》1981年2期）。

調王煦華為助手，整理積稿。9月始，將舊稿付刊。擬三、五、八年工作規劃。與鐘敬文等倡議建立民俗學及有關研究機構。

1979年　87歲

作《我是怎樣編寫〈古史辨〉的？》，至次年畢（刊《古史辨》第一冊，上海古籍出版社，1982年）。

任中國社會科學院研究生導師。任中國民間文藝研究會副主席。

1980年　88歲

審定《顧頡剛古史論文集》目錄。任中國史學會理事。

12月25日，逝世於北京。

一生所寫《顧頡剛讀書筆記》後由臺北聯經出版事業公司出版（1990年）。

■ 附錄二　參考書目

1. 顧頡剛：《中國上古史研究講義》，中華書局，1988年。

2. 顧頡剛：《古史辨》第一冊，樸社，1926年。

3. 顧頡剛：《古史辨》第二冊，樸社，1930年。

4. 顧頡剛：《古史辨》第三冊，樸社，1931年。

5. 顧頡剛：《古史辨》第四冊，樸社，1933年。

6. 顧頡剛：《古史辨》第五冊，樸社，1935年。

7. 呂思勉、童書業：《古史辨》第七冊，開明書店，1941年。

8. 《古史辨》諸冊，上海古籍出版社，1982年。

9. 顧頡剛：《古籍考辨叢刊》第一集，中華書局，1955年。

10. 顧頡剛：《史林雜識（初編）》，中華書局，1963年。

11. 顧頡剛：《吳歌甲集》，北京大學研究所國學門歌謠研究會，1926年；上海文藝出版社，1990年。

12. 顧頡剛：《妙峰山》，中山大學語言歷史學研究所，1928年；上海文藝出版社，1988年

13. 顧頡剛：《孟姜女故事研究集》，中山大學語言歷史學研究所，1928—1929年；上海古籍出版社，1984年。

14. 顧頡剛：《尚書通檢》，哈佛燕京學社，1936年；書目文獻出版社，1982年。

15. 顧頡剛：《秦漢的方士與儒生》，上海群聯出版社，1955年；上海人民出版社，1957年；上海古籍出版社，1978年。（原題：《漢代學術史略》，上海亞細亞書局，1935年）

16. 《顧頡剛古史論文集》第二冊，中華書局，1988年。

17. 《顧頡剛讀書筆記》，臺北聯經出版公司，1990年。

18.顧頡剛：《崔東壁遺書》，亞東圖書館，1936年；上海古籍出版社，1983年

19.（美）施奈德（L.A.Schneider）著、梅寅生譯：《顧頡剛與中國新史學》，臺北華世出版社，1984年。

20.劉起釪：《顧頡剛先生學述》，中華書局，1986年。

21.顧潮：《顧頡剛年譜》，中國社會科學出版社，1993年。

22.《五四：文化的闡釋與評價——西方學者論五四》，山西人民出版社，1989年。

23.《五四運動與中國文化建設——五四運動七十周年學術討論會論文選》，社科文獻出版社，1989年。

24.徐旭生：《中國古史的傳說時代》，科學出版社，1960年。

25.王文寶：《中國民俗學發展史》，遼寧大學出版社，1987年。

26.錢穆：《中國近三百年學術史》，商務印書館，1937年。

27.余英時：《中國思想傳統的現代詮釋》，江蘇人民出版社，1989年。

28.王孝廉：《中原民族的神話和信仰》，臺北時報出版公司，1992年。

29.梁啟超：《古書真偽及其年代》，中華書局，1926年。

30.王汎森：《古史辨運動的興起》，臺北允晨文化公司，1987年。

31.（英）傑佛瑞·巴勒克拉夫（Geoffrey Barraclough）：《當代史學主要趨勢》，上海譯文出版社，1987年。

32.錢穆：《師友雜憶》，嶽麓書社，1986年。

33.夏傳才：《詩經研究史概要》，中州書畫社，1982年。

34.《孟姜女故事論文集》，民間文藝出版社，1983年。

35.唐德剛：《胡適口述自傳》，華文出版社，1992年。

36.《胡適文選》，亞東圖書館，1930年。

37.胡適：《紅樓夢研究論述全編》，上海古籍出版社，1988年。

38.《胡適來往書信選》，中華書局，1979年。

39.章清：《胡適評傳》，百花洲文藝出版社，1992年。

40.吳俊：《魯迅評傳》，百花洲文藝出版社，1992年。

41.許冠三：《新史學九十年》，香港中文大學出版社，1986年。

後 記

　　歷史作為一門科學發展到今天，已成為一項系統工程。對於上古歷史和傳說的認識，哪怕只在一個具體問題上取得突破，都是文獻學、考古學、古文字學、社會學、民族學、民俗學等多種學科協同作戰的結果。因此，只有摒卻學科和家派的偏見，學術研究才能健康深入地發展。顧頡剛先生是20世紀之初，在五四新文化運動中產生的學者，而現在已到了20世紀之末。對於這位本世紀中國重要歷史流派的代表人物，實事求是地分析其學術遺產的意義，不僅有助於認識他本人，而且對於古史研究的深入開展也有著現實的意義。

　　所以我們在寫這本評傳時，努力恢復歷史的本來面目，以第一手的材料說明先生當初受到的社會教育、師友啟發，儘量真實地反映他創立「層累地造成的中國古史」觀的時代背景。

　　學術界有一種說法，認為先生的工作偏重於破壞，而對古史的建設不夠。本書努力澄清這種看法，以他深入考辨古史傳說的事實，特別是晚年對《尚書·大誥》所做的宏大的考證工作，說明他對建設真古史的貢獻。

　　本書利用了先生大量的日記、筆記、書信以及他人眾多的評論，旨在更客觀地反映他的學格與人格，對他的學術思想作出更恰當的評

價。

　　我們是顧頡剛先生的女兒，與父親的年齡相差50餘歲，這就使得我們以前對他的學問十分隔膜，對他的學術活動十分陌生。在父親去世之後，我們二人先後參加了他的遺著的整理工作。顧潮翻閱了上千萬字的日記、信件、文章，寫成《顧頡剛年譜》，顧洪整理編輯了400多萬字的《讀書筆記》。可以說，這10餘年來，我們對他一生為學術事業獻身的精神以及他在研究方面的努力有了比較全面、深入的瞭解，積累了許多感性認識的素材。感謝錢宏先生給了我們一個機會，「逼」著我們集中思考，把許多零碎的認識串聯起來，再系統化，寫成這本評傳。應該說，這本書既是我們對過去一階段工作的總結，是認識的昇華，也是進入一個新階段的開始。從今年3月錢宏向我們約稿，到8月初脫稿，前後不到半年時間。以我們的水準和功力，這部「急就章」肯定有許多不盡人意之處，特別是如何認識和評價先生學術思想、成就和偏限，還有待我們繼續努力。如果這本小書對有志於研究顧頡剛的人們能夠起到一點按圖索驥的作用，那麼，我們願與你們同行。

　　感謝劉起釪先生以近80歲的高齡，溽暑之中為我們趕寫序言，並

幫助我們潤色，使這本書更富於文采。

　　當我們用力思索一個問題時，當我們在電腦前敲擊鍵盤時，常常
感覺到汗水順著頭髮根往下淌。1994年的夏天令我們終生難忘。

　　　　　　　　　　　　　　　　　　　　　顧潮　　顧洪
　　　　　　　　　　　　　　　　　　　　　1994年8月5日

昌明文庫・悅讀人物 A0603037

顧頡剛評傳

作　　　者　顧潮、顧洪
版權策畫　李　鋒

發 行 人　林慶彰
總 經 理　梁錦興
總 編 輯　張晏瑞
編 輯 所　萬卷樓圖書股份有限公司
臺北市羅斯福路二段 41 號 6 樓之 3
電話 (02)23216565
傳真 (02)23218698

出　　版　昌明文化有限公司
桃園市龜山區中原街 32 號
電話 (02)23216565
發　　行　萬卷樓圖書股份有限公司
臺北市羅斯福路二段 41 號 6 樓之 3
電話 (02)23216565
傳真 (02)23218698
電郵 SERVICE@WANJUAN.COM.TW

如何購買本書：
1. 劃撥購書，請透過以下郵政劃撥帳號：
　帳號：15624015
　戶名：萬卷樓圖書股份有限公司
2. 轉帳購書，請透過以下帳戶
　合作金庫銀行　古亭分行
　戶名：萬卷樓圖書股份有限公司
　帳號：0877717092596
3. 網路購書，請透過萬卷樓網站
　網址 WWW.WANJUAN.COM.TW
大量購書，請直接聯繫我們，將有專人為您
服務。客服：(02)23216565 分機 610

如有缺頁、破損或裝訂錯誤，請寄回更換
版權所有・翻印必究
Copyright©2016 by WanJuanLou Books CO.,
Ltd.All Rights Reserved　**Printed in Taiwan**

ISBN 978-986-496-135-1
2019 年 7 月初版二刷
2018 年 1 月初版一刷
定價：新臺幣 300 元

國家圖書館出版品預行編目資料

顧頡剛評傳 / 顧潮, 顧洪作. -- 初版. -- 桃園
市 : 昌明文化出版 ; 臺北市 : 萬卷樓發行,
2018.01
　面 ；　公分. -- (昌明文庫. 悅讀人物)
ISBN 978-986-496-135-1(平裝)
1.顧頡剛　2.傳記
782.887　　　　　　　　　107001506

本著作物經廈門墨客知識產權代理有限公司代理，由百花洲文藝出版社授權萬卷樓圖
書股份有限公司出版、發行中文繁體字版版權。